L³⁰.19.

VOYAGE

DANS LE MIDI DE LA FRANCE.

CHEZ LES MÊMES :

ŒUVRES COMPLÈTES de **M. PIGAULT-LE-BRUN**, 20 vol. in-8°, imprimés par Firmin Didot, sur très beau papier, avec un beau portrait de l'auteur, gravé par Tardieu, prix : 160 f.
Ses romans in-12 se vendent séparément 3 fr. le volume.

LE BARBIER DE PARIS, par **M. Paul de Kock**, 4 vol. in-12, prix : 12 fr. Ce roman vient de paraître, la première édit. a été vendue en trois jours.

La collection des **ROMANS** du même auteur, 37 vol. in-12, à 3 fr. le vol.

ALMANACH DES SPECTACLES, 6ᵉ année, contenant l'analyse des pièces nouvelles, avec les couplets les plus saillans de chaque vaudeville, l'indication des débuts, le personnel des théâtres de Paris, des départemens et de l'étranger, la récapitulation des artistes dramatiques français, la demeure des artistes de Paris, le prix des places aux théâtres, spectacles et établissemens publics de la capitale ; les noms des artistes qui se sont distingués dans le courant de l'année ; ceux qui ont voyagé ; la nomenclature des auteurs qui ont été ou sont acteurs ; celle des claqueurs en chef, notes sur les répertoires ; les mutations, nouvelles, renseignemens et réglemens concernant les théâtres ; la nécrologie des auteurs, acteurs et actrices morts en 1826 ; ouvrage utile aux étrangers et à toutes les personnes qui appartiennent aux théâtres ou qui les fréquentent. Un fort vol. in-18. Prix : 4 fr.

VOYAGE

DANS

LE MIDI DE LA FRANCE,

PAR M. PIGAULT-LEBRUN,

ET M. VICTOR AUGIER, AVOCAT,

MEMBRES DE LA SOCIÉTÉ PHILOTECHNIQUE.

A PARIS,

CHEZ J.-N. BARBA, ÉDITEUR,

COUR DES FONTAINES, N° 7;

AMBROISE DUPONT ET COMP., LIBRAIRES,

RUE VIVIENNE, N° 16.

1827.

IMPRIMERIE DE E. DUVERGER,
rue de Verneuil, n° 4.

LE LIBRAIRE AU LECTEUR.

L'histoire de France[1] qui occupe depuis plus de six ans M. Pigault-Lebrun, et dont les derniers volumes seront avant peu sous la presse, a exigé comme on peut le penser, plus d'un genre d'études et de recherches. Ce n'est pas un travail de peu d'importance, comme il nous l'écrit lui-même, que celui de l'annaliste consciencieux, qui renferme en quelque volumes substanciels et où rien ne doit être omis, les matières disséminées dans un océan de papier imprimé qui inonde

[1] 8 vol. in-8° de plus de 500 pages. *Le 6ᵉ volume est sous presse.*

nos bibliothèques, et le public jugera de l'avantage de posséder sous une forme portative tout ce qu'il y a d'essentiel dans les innombrables ouvrages dont les cinq volumes in-folio du père Lelong contiennent à peine le catalogue. Parmi les frais de sollicitude que cette grande entreprise a coûtés à M. Pigault-Lebrun, nous citerons ses voyages dans nos provinces. Heureusement il n'y a pas trouvé moins de délassemens que d'instruction, et le journal de ses observations sur les localités et sur les coutumes qui se sont offertes à l'esprit d'investigation et de critique dont il est si éminemment doué, promet une lecture aussi piquante et aussi variéé que ses plus jolis romans. Nous annonçons donc avec la certitude d'exciter une vive curiosité le *Voyage dans le Midi de la France*, par MM. Pigault-Lebrun et V. Augier, son gendre, où l'on retrouvera toute la vivacité d'imagination et toute la finesse d'aperçus qui caractérisent ses moindres ouvrages, mises en œuvre sur des sujets entièrement nouveaux. On peut compter d'ailleurs sur la rectitude des jugemens de M. Pigault-Lebrun dans les questions sérieuses, comme sur l'éclat de ses fictions romanesques dans les sujets d'invention. C'est un auteur aussi loyal que spirituel, et dont le caractère rappelle souvent celui d'un de ses caractères d'affection, une loyauté brusque, une rudesse officieuse, une franche sensibilité qui dédaigne le vernis de la politesse, et qui ne doit rien qu'à la nature. Une telle disposition d'esprit est la plus convenable de toutes pour observer le monde. Elle promet la plus rare des qualités de notre époque, l'impartialité.

VOYAGE

DANS LE

MIDI DE LA FRANCE.

●●●

A MADAME ***

Valence, le 4 septembre 1826.

Madame,

Par quelle bizarrerie l'homme qui se trouve bien dans son agréable domicile, qui peut chaque jour se délasser de ses travaux au sein d'une société aimable, quitte-t-il des avantages certains pour aller courir les aventures ?

C'est ce qu'il est difficile d'expliquer et ce qui nous arrive cependant. Nous nous éloignons de vous, et vraisemblablement nous ne trouverons rien qui puisse vous remplacer. De mauvais chemins, de mauvaises auberges ne nous feront-ils pas payer un peu cher l'aspect des monumens romains et du grand lac qu'on décore du nom de mer Méditerranée ? Voilà cependant ce qui nous arrache d'auprès de vous, mon gendre et sa femme, la mienne, moi et notre petit Émile. Puisse au moins la grandeur des objets qui s'offriront à nous, vous faire oublier un moment ! Nous serions malheureux, si notre mémoire trop fidèle s'occupait de vous sans relâche, quand nous ne pourrons vous voir ni vous entendre.

Vous ne perdrez, Madame, pendant un mois qu'un des fleurons de votre couronne. Des courtisans empressés vous dédommageront amplement de notre absence. Cependant, au milieu de votre petite cour, vous penserez quelquefois à des amis qui vont courir les pays lointains. Votre imagination est vive et brillante ; par conséquent la curiosité doit être un de vos défauts ou une de vos qualités. Choisissez.

Le voyage que nous commençons demain a peut-être ce qu'il faut pour la piquer. Ne pourrions-nous pas, à notre retour, lui offrir quelque aliment? Vous avez, comme les femmes vulgaires, des momens de vide qu'une lecture de quelques heures pourrait remplir. Que pensez-vous de cette idée? Mon gendre et moi sommes prêts à l'exécuter. Nous vous donnerons de la prose et des vers.

> Vous offrir des vers, quelle audace!
> Moi qui, transfuge du Parnasse,
> Ne connais plus que ce jargon
> Dont au palais on s'accommode,
> Mais qui n'est point encor de mode

Sur le poétique vallon.
On ne trouve rien dans le code
De bien lyrique assurément ;
Et le Digeste est l'antipode
De l'esprit et du sentiment.
Je crains qu'Apollon ne m'oppose
Quelque fin de non-recevoir ;
Mais d'en triompher j'ai l'espoir,
Si vous daignez plaider ma cause.

Voilà qui est arrangé, n'est-il pas vrai ? Demain, en arrivant à Montélimar, nous écrirons nos souvenirs de la journée. Cette première course n'en promet pas de bien intéressans ; mais qui sait ? Le *Lutrin* et *Ververt* n'ont-ils pas été faits sur la pointe d'une aiguille ? J'avoue humblement que nous ne sommes ni Boileau ni Gresset, mais vous serez notre muse et vous nous inspirerez.

Ne craignez pas que l'on vous donne
Du Chapelle et du Bachaumont :

Pour gravir sur le double mont
Il ne faut imiter personne.

Et puis, soit dit entre nous, ces Messieurs, comme tant d'autres, vivent un peu sur leur réputation.

Montélimar, le 5.

Enfin nous voilà en route, dans une bonne calèche traînée par deux mules, qui ne marchent pas aussi gravement que celles du pape. Elles ne connaissent d'autre allure que le trot, et nous nous en trouvons bien.

Malgré leur vigueur, il a fallu les laisser reposer un moment à un hameau qu'on nomme *Fiancey*. Il y a là une grande auberge sans meubles et sans provisions. Cependant les voyageurs qui ne sont pas difficiles peuvent y prendre un verre de vin aigre ou de bière chaude. On y trouve même un ratafia de framboise, fait à la cassonnade, et qui ne vaut pas mieux que le reste. Ces drogues sont offertes de fort bonne grace par une petite femme qui a les jambes noires parce qu'elle ne porte point de bas, et un jupon qui ne descend pas au-dessous du genou parce qu'elle est sur le point d'accoucher. Elle est si prodigieusement maigre, qu'à travers ses vêtemens on peut faire un cours d'ostéologie sur toute sa petite personne. Mais la figure!... oh! la figure, de couleur de pain d'épice, offre les traits les plus réguliers et les plus agréables. Un boisseau de pâte d'amande, trente bains, une toilette soignée, vingt livres de chair sous la peau, et ce serait une femme charmante. Je doute fort que son vin, sa bière et son ratafia lui donnent les moyens de le devenir jamais.

Vers dix heures le temps s'est chargé, et quelques gouttes de pluie nous ont fait froncer le sourcil. Nous avons invoqué Phébus. Il nous a entendus et a dissipé les nuages, comme le vent du nord chasse les feuilles mortes devant lui. Pour parler sans métaphore, après la pluie est venu le beau temps. La petite caravane a retrouvé la gaîté et la gaîté donne de l'appétit.

On a pris la cantine ou le garde-manger. Nos petites provisions étaient dans une boîte de fer-blanc, faite exprès pour nous servir de magasin, magasin exigu à la vérité, mais qui renfermait le saucisson et deux pigeons rôtis que nous avons trouvés excellens, parce qu'ils venaient de notre colombier. Quatre couteaux ont été tirés en même temps et nous avons pris en riant notre modeste repas.

En passant au pied de la colline où est situé Livron, nous nous sommes rappelé une anecdote historique qui mérite d'être connue. Ce bourg, très bien fortifié autrefois, a joué un grand rôle dans les guerres de religion qui ensanglantèrent le Dauphiné. Les protestans l'occupaient en 1575. Tous les capitaines royalistes ayant échoué devant cette place que défendait l'intrépide Montbrun, Henri III se décida à en venir faire le siége en personne. Un assaut terrible est livré par le prince. Repoussé avec une perte considérable, il fait sommer les habitans de se rendre dans les vingt-quatre heures, sous peine d'être passés au fil de l'épée. Pour toute réponse, les femmes des assiégés apportent leurs rouets sur les remparts, et se mettent à filer tranquillement, à la vue et presque sous le canon de l'armée ennemie. Cette bravade intimida le roi, et le siége fut levé. Il nous semble qu'il y a quelque chose de spartiate dans la conduite de ces femmes.

A deux cents pas de Livron, on traverse la Drôme sur un pont de pierre, célèbre par le combat dont il fut le théâtre, en 1815, entre les troupes du roi, commandées par le duc d'Angoulême, et celles de l'empereur, sous les ordres du général Debelle. Ce pont, sans être aussi beau que celui de Neuilly, l'est assez pour y faire penser. La Drôme est une large rivière, qui n'est navigable nulle part, même pendant l'hiver. On peut s'y baigner l'été, et c'est toujours quelque chose.

>Joyeux convives du Caveau,
>Pour qui boire est le bien suprême,
>Jetez les yeux sur ce coteau,
>   C'est celui de Brezème.
>Bacchus est le seigneur du lieu,
>Et tout ici lui rend hommage ;
>On prétend même que ce dieu
>S'y plaît autant qu'à l'Ermitage.

Un quart-d'heure après avoir passé le pont, nous sommes entrés à Loriol, long village que les habitans appellent un bourg, et qu'ils nommeraient ville, s'ils l'osaient. L'amour propre perce jusque dans les moindres choses; il est souvent ridicule et ne s'en doute jamais.

Là, nous avons été visiter une famille tout-à-fait patriarcale. Elle se compose du père, de la mère, de six enfans en bas âge, du grand papa et de la grand'maman. A peine étions-nous entrés, qu'une table a été couverte de fruits et de laitage. Nous n'avions besoin de rien ; mais il a fallu goûter de tout pour ne pas désobliger la famille hospitalière. Les petits enfans nous présentaient la pêche et le raisin avec un sourire plein d'affection et de candeur. Le moyen de résister à cela ! On s'est décidé avec peine à nous laisser partir, et à cinq heures du soir nous sommes arrivés à Montélimar. L'hôtel du Palais-Royal nous a reçus avec tout notre équipage.

Les érudits de la ville prétendent que Montélimar vient de *Mons Martis*. L'étymologie nous a paru un peu forcée. Quoi qu'il en soit, cette ville est ancienne comme toutes celles du midi, et des rues sales et étroites en rendent l'aspect désagréable. Si la grande route ne la traversait sur toute sa largeur, deux voitures ne pourraient passer de front nulle part. Quand on rencontre une charrette dans les autres quartiers, il faut se ranger respectueusement contre un mur, à peine d'être broyé par le moyeu d'une roue. Ceci, Madame, ne peut s'appeler la précaution inutile.

On trouve dans cette ville des restes d'une vaste citadelle, dont les habitans ne s'occupent pas du tout. L'architecture en est gothique et reporte l'imagination vers des siècles écoulés dont il ne reste pas ici de souvenirs. J'ai parlé, j'ai interrogé. On m'a répondu dans un baragouin qui n'est ni français ni patois, qui par conséquent est très peu intelligible. Tout ce que j'ai compris, c'est qu'une tour de cette citadelle a été transformée en prison.

J'y suis monté, moi, papa Pigault, parce que je dois vous rendre compte de tout, et j'ai laissé nos dames courir la promenade du lieu. C'est le grand chemin de Montélimar à Orange. Cette promenade est, dit-on, très fréquentée quand il n'y a ni boue ni poussière. D'après cela, les habitans de cette ville se promènent pendant neuf mois dans leur salon ou dans leur chambre à coucher.

J'ai été dédommagé de la peine que j'ai prise de monter à la citadelle, par un des plus beaux points de vue dont j'aie joui jusqu'à présent. Il eût perdu tout son prix, si on m'eût retenu près de ces Messieurs que leurs méfaits y ont conduits. Quand on est sous les verroux, la tête travaille et les yeux ne voient plus.

Puisque les savans de Montélimar ne savent rien de cette citadelle, je vais établir des conjectures, car je suis causeur et j'aime mieux me tromper que me taire.

Il me paraît très vraisemblable que cette forteresse a été bâtie par les anciens dauphins du Viennois. Montélimar touche aux frontières du Dauphiné, et cette citadelle a pu être très utile dans le bon temps où les possesseurs des grands fiefs pillaient, vexaient, torturaient leurs vassaux et les traînaient à la guerre contre le comte ou le duc leur voisin.

Certaines gens prétendent que nous rétrogradons vers ce bon temps-là, et que nos enfans pourraient bien en voir quelque chose. Moi, j'espère que non. Ainsi soit-il.

Tout le monde sait que la Provence fut

réunie à la France sous le règne de Louis XI, d'odieuse mémoire. La citadelle dont je parle devint alors inutile, et fut abandonnée.

Telle est mon opinion sur ces énormes bâtisses. Vous êtes bien la maîtresse, Madame, de la rejeter si elle ne vous convient pas. Si vous savez là-dessus quelque chose de plus positif, vous me ferez plaisir de me l'apprendre.

Nous avons trouvé un bon souper au Palais-Royal, des chambres qui ont une sorte d'élégance, et des lits d'une extrême propreté. Ils sont un peu fermes; mais il est des circonstances où on aime assez cela.

On nous a promis de nous faire voir, quand nous repasserons, des volcans éteints. Il y a long-temps que mon opinion est formée sur ces prétendus volcans: je verrai si elle est fondée à l'égard de ceux de Montélimar.

Il y avait autrefois peu de Trapistes en

France. Ils commencent à se multiplier. Ils ont établi un couvent aux environs de Montélimar; nous le verrons aussi. C'est là que se retirent quelques hommes qui se persuadent qu'ils ont des facultés morales et physiques pour n'en faire aucun usage, qui font une abnégation totale d'eux-mêmes, et qui se vouent à une mort lente et cruelle.

>Cette vertu sombre et sauvage
>Me toucherait bien davantage,
>Si j'en voyais l'utilité.
>En nous jetant sur cette terre,
>Dieu nous a dit : Secours ton frère :
>La vertu, c'est la charité.
>Voyez, sous la modeste bure,
>Cette angélique créature
>Encore à l'âge des amours,
>Qui, dans une triste retraite,
>Loin d'un monde qui la regrette,
>Aux enfans du malheur a consacré ses jours.
>Rien ne peut refroidir son zèle :

A chaque infortune nouvelle
Prodiguant de nouveaux secours,
Tantôt sa main ferme et légère
Place un appareil salutaire
Sur les maux les plus rebutans,
Tantôt sa touchante parole,
Du malheureux qu'elle console,
Adoucit les derniers instans.
Voilà la vertu que j'admire !
Que m'importe le vain martyre
D'un solitaire pénitent ?
A pleurer il passe sa vie ;
Mais une larme qu'on essuie
Vaut mieux que mille qu'on répand.

Mondragon, le 6.

En sortant de Montélimar, nous avons passé près de la terre de Grignan, de ce château qui n'existe plus, et que madame de Sévigné a rendu célèbre. Tout le monde parle de ses lettres, affecte de les admirer, et bien peu de personnes ont eu le courage de les lire toutes. On en trouve vingt, dans cette volumineuse collection, qu'on relit toujours avec un grand plaisir, parce qu'indépendamment du charme du style elles peignent, avec une vérité frappante, des événemens qui sont de tous les temps et de tous les lieux. Les autres ne parlent que de l'amour de madame de Sévigné pour sa fille, amour qui fut sans doute fort intéressant pour elles deux; mais qui fatigue promptement le lecteur, parce qu'il ne lui inspire aucune sorte d'intérêt, et qu'il n'offre que des répétitions fastidieuses. Aimons nos enfans et laissons les longues et monotones adorations de madame de Sévigné. On prétend, d'ailleurs, dans le pays que cet amour perdait beaucoup de sa vivacité, quand la maman avait monté les degrés qui conduisaient au château.

Non loin de la grande route, on nous a fait remarquer sur le sommet d'une colline, à gauche, une chapelle consacrée à Notre-Dame de Montchamp. Nous aperçûmes plusieurs couples qui se dirigeaient vers le saint lieu. On nous dit que c'étaient des pélerins.

> Deux à deux quitter son village,
> D'un cœur pur et d'un pied dispos;
> De tendres ou joyeux propos
> Charmer les ennuis du voyage;
> Sous le plus solitaire ombrage
> Chercher parfois un doux repos :

Voilà, Madame, en peu de mots,
Ce qu'on nomme un pélerinage.
Mais, pour tout dire, quelquefois
On y va deux, l'on revient trois.

Nous avons trouvé, plus loin, un village nommé *Pierrelate*. *Late* se traduit en français par le mot *large*. Ce village touche à une roche des plus fortes dimensions, qui s'élève au milieu d'une vaste plaine. Les pierres se forment dans le sein de la terre et jamais à la superficie : il est donc certain que la roche de Pierrelate a été la base d'une montagne ou du moins d'une colline. La même observation peut s'appliquer aux chaînes de rochers qu'on rencontre souvent dans ces contrées. Ces montagnes ont dû être couvertes autrefois de forêts. Le besoin de subsistances ou la cupidité a porté l'homme à abattre ces bois. Il a trouvé alors de nouvelles terres à défricher. Mais ces terres, que liaient les racines des arbres et les herbes qui croissaient entre eux, ont été livrées à l'action des pluies et des vents. Elles se sont peu à peu écoulées dans les plaines; les roches ont été mises à nu; il n'est resté à l'homme que le regret d'avoir perdu des forêts qui lui fournissaient du gibier et du bois pour tous ses besoins.

Le déboisement des montagnes a produit un autre mal. Cette multitude d'arbres élevés divisait les nuages, et les faisait tomber en pluie. Les vents les poussent aujourd'hui sur ces rochers dépouillés. Le ciel du Dauphiné et de la Provence est de feu. Tout se dessèche, tout brûle dans les campagnes pendant les ardeurs de l'été. L'homme se plaint de la rareté des pluies vivifiantes. La nature y avait pourvu; il l'a contrariée, il en porte la peine. Nous sommes fiers de notre intelligence et de notre industrie; elles sont circonscrites dans des bornes étroites, et nous sommes incapables de prévoir les conséquences de nos erreurs.

Mondragon n'est qu'à cinq lieues de Montélimar. A la vérité, elles en valent douze de Paris. Nous y sommes arrivés à une heure après midi. Mondragon n'est qu'un village, et cependant nous y avons passé le reste de la journée; nous allons, Madame, vous en dire la raison.

Là, s'est fixé un officier de marine retiré du service; il a conservé la franchise et la gaîté d'un marin. Il jure quelquefois; mais ce n'est que lorsqu'il est de très bonne humeur; ainsi ses jurons n'ont rien d'effrayant. Il passe sa vie avec une grande et belle femme qu'il aime beaucoup. Ils vieilliront comme Philémon et Baucis. Il est vraisemblable qu'alors le capitaine ne jurera plus.

Mais que m'importent Mondragon et le

capitaine, allez-vous dire ? Le capitaine, Madame, est l'oncle d'un de nous. Il n'est pas celui du papa Pigault, qui, depuis longtemps n'en a plus ; il l'est donc de l'avocat Augier. Or, comme on ne fait pas tous les jours des voyages de Marseille, il était bien naturel de consacrer à ces bons parens-là le reste de la journée.

Il semblait que ce jour dût être le dernier de nos jours. Nous avons été sur le point d'être étouffés de caresses et d'indigestion. Le même sort paraissait menacer le capitaine et sa femme. Nous avons échappé à ce double danger. D'ailleurs, il s'est présenté un moyen sûr de digérer. L'oncle a des terres chargées d'arbres qui donnent d'excellens fruits; nous avons été les parcourir. Nous avons aperçu, de là, quelque chose qui paraît surcharger la cime d'une montagne : nous nous sommes approchés. Ce sont les débris d'un château gothique, qui n'attestent plus qu'une puissance anéantie. Nous avons voulu toucher les objets qui faisaient naître nos réflexions philosophiques, et nous avons gravi péniblement la montagne. Au lieu du faste arrogant qu'étalait le seigneur châtelain, nous avons trouvé des pans de muraille renversés, des tours à demi écroulées, et pas un endroit où le voyageur puisse reposer sa tête. Au lieu des satellites de monseigneur, qui, la hallebarde en main, éloignaient le curieux et l'indiscret, nous avons rencontré des lézards, qui vivent heureux dans ces ruines, parce qu'ils sont entièrement libres. Des herbes aromatiques et qui parfument l'air, remplacent les parquets, et peut-être les mosaïques. La mousse couvre les restes de ces plateformes, d'où madame, parée d'habits somptueux et suivie de ses femmes, se livrait à l'admiration de ses serfs. Il reste encore quelque chose de son château, et l'on ne sait où repose sa cendre.

Ainsi, nous disions-nous, sur la terre tout passe !
Le temps entraîne tout dans son vol effrayant ;
De Tyr, de Babylone on cherche en vain la place :
Aujourd'hui des grandeurs et demain le néant.

Ces idées n'avaient rien de gai. Nous nous sommes hâtés de les dissiper en tournant le dos aux objets qui les avaient fait naître ; nous avons descendu la montagne en riant et en folâtrant. A sa base, plusieurs de nous ont vu, pour la première fois, l'arbre consacré à la paix. Nous ne vous en présenterons pas de rameaux, Madame ; nous n'avons jamais été en guerre, et nous ferons tout ce qui est en nous pour réaliser, au moins dans un petit coin de la terre, le rêve du bon abbé de Saint-Pierre.

L'olivier est un arbuste de huit à dix pieds

de haut. Son bois est tortu, et sa feuille étroite est d'un vert pâle et triste. Nous avions entendu dire que le goût de l'olive est désagréable quand elle n'est pas préparée. Nous avons voulu nous en assurer : des observateurs tels que nous ne pouvaient s'en dispenser. Nous avons été punis de notre curiosité. L'olive est d'une âcreté amère ; elle pique la langue vivement et long-temps.

Nous ne vous parlerons plus, Madame, de châteaux en ruines. Chaque village de cette contrée a le sien, et qui en a vu un les a vus tous. Nous allons, d'ailleurs, entrer dans une terre classique ; elle nous rappellera des choses qui ont intéressé l'univers alors connu. Devant ces grands objets disparaîtront les donjons de ces petits seigneurs ignorans et barbares, ivres, pour la plupart, de sottise et d'orgueil : demain, nous verrons l'arc de triomphe de Marius !

Arausion, Orange, les 7 et 8.

En sortant de Mondragon, nous avons filé le long d'une chaîne de rochers immenses, qu'il n'a pas toujours été permis à l'œil des hommes de mesurer. Sur une de ces roches était élevée la forteresse de Mornas, dont on voit encore quelques vestiges. Elle avait servi aux seigneurs de moyen d'oppression: elle fut couverte de sang pendant ces longues guerres de religion qui désolèrent la France.

Tout le monde ne connaît pas un trait de férocité qui a fait passer jusqu'à nous le nom du baron Des Adrets. Il peut être utile de le rappeler. Le fanatisme est une maladie cruelle que les gouvernemens peuvent prévenir, mais qu'ils ne guérissent jamais. Elle ne s'éteint que lorsque les hommes sont las d'exterminer d'autres hommes, dont le crime est de ne pas penser comme eux. Misérables! suivez la bonne voie, si vous êtes sûrs d'y être; plaignez ceux qui s'en écartent, et laissez à Dieu le droit terrible de se venger, puisqu'il est, selon vos passions, le dieu des vengeances ou le dieu des miséricordes.

On persécutait, on torturait, on brûlait les protestans. Ces hommes exaspérés coururent aux armes. Des Adrets, un de leurs chefs, assiégea et prit, en 1562, le château de Mornas, que défendaient trois cents catholiques. Cruel, comme ses ennemis, il contraignit ces malheureux à se précipiter du haut de cette nouvelle roche Tarpéienne.

Un seul restait : il avançait, il reculait. Des Adrets s'emporta avec la dernière violence. « Ma foi, monsieur le baron, lui dit ce pauvre homme, je vous le donne en quatre. » Des Adrets rit, et la gaîté ne s'allie point à la barbarie. Une plaisanterie faite à propos sauva ce dernier proscrit.

M. le baron avait conçu une haine invétérée contre les moines. Il exerçait sa cruauté contre eux d'une manière fort extraordinaire. Il les réduisait à l'état où le chanoine Fulbert mit Abélard, et il garnissait son large baudrier....., non de leurs oreilles.

Les soldats, qui marchent en troupe, séjournent à la troisième étape. Nous ne sommes pas plus infatigables qu'eux, et nous nous reposerons le 7. D'ailleurs, un motif étranger au besoin de repos nous détermine à nous arrêter : nous avons ici de grandes choses à voir.

Le but essentiel des voyageurs doit être d'étudier les mœurs et les usages des peuples qu'ils visitent. Nous ne croyons pas que ceux des Provençaux diffèrent beaucoup des habitudes des Dauphinois. Il est difficile d'ailleurs de faire, en trente six heures, de grandes, d'importantes observations en ce genre. Attachons-nous aux superficies, puisque nous ne pouvons aller plus avant.

A Orange, comme partout, on trouve quelques jolies femmes, et beaucoup qui ne le sont pas. Elles ont presque toutes l'œil vif et la jambe fine. Ces yeux-là disent beaucoup ; mais la charité chrétienne nous défend les interprétations hasardées. Tirons un voile épais sur les faiblesses de nos sœurs, si toutefois elles en ont.

Les hommes sont francs et gais. Ils accueillent les étrangers, et leur font manger d'excellentes volailles et de bon poisson. Il faut se défier de leurs vins ; un homme qui en boirait sa bouteille, pourrait perdre l'équilibre et la raison.

Il n'y a pas plus de bœufs à la boucherie d'Orange, que d'oliviers en pleine terre dans la Sibérie. On ne voit que de petits moutons d'un fort bon goût, et on en sert à toutes les sauces. On a de la soupe comme dans toute la France : ce mets préparatoire est fait avec du mouton. La gousse d'ail fait disparaître la fadeur de la viande. On boit du lait de brebis ; on mange du beurre et du fromage de lait de brebis. Ce n'est pas pour les Provençaux que Noé a fait jadis entrer un taureau et une vache dans son arche.

On nous a présentés à M. Nogent-Saint-Laurent, homme fort aimable et très instruit dans la statistique du pays. Nous avons invoqué ses lumières, et avec leur secours nous pourrons, Madame, vous donner quelques notions précises sur les débris de la grandeur romaine, épars çà et là dans cette ville.

Les Graces ne sont pas séduisantes quand elles bâillent. Nous ne vous offrirons, Madame, que ce qu'il faut d'érudition pour nous bien faire entendre.

On a été chercher en Grèce l'étymologie du mot Orange : c'est la faire venir de loin. Strabon appelle cette ville *Arausion*, et il y a loin encore d'Arausion à Orange.

On arrive de Mondragon à Arausion ou à Orange, en passant, non sous l'arc de triomphe de Marius, mais à côté, parce que les arceaux sont soutenus par une forte charpente. Sans ces appuis l'arc triomphal pourrait fort bien changer de position.

Il n'est pas de fable qui ne tire son origine de quelque vérité. Quand les Barbares s'arrachaient les débris de l'empire romain, une ignorance crasse succéda aux lumières et aux arts. Certainement personne alors ne prétendit que cet arc de triomphe eût été dédié à Marius; et en effet il ne l'est pas. Le mot *Mario* qu'on lit encore très distinctement sur un bouclier d'un des bas-reliefs, a contribué probablement à altérer l'opinion primitive, et à établir une erreur que l'observation détruit facilement. Cependant un reste de vérité perce à travers cette fable : on est convenu dans tous les temps que ce monument est romain.

Il faut vous dire maintenant, Madame, pourquoi on ne peut l'attribuer à Marius.

Il fut le premier qui donna l'aigle pour enseigne aux légions romaines, et l'on n'en voit aucune sur le monument. Cette innovation y eût été représentée sans doute, si Marius en eût été le héros.

On y trouve des emblèmes nautiques, et Marius n'a jamais combattu sur mer.

Les boucliers sculptés sur les bas-reliefs n'ont rien de romain. Ainsi le nom de *Mario*, et quelques autres qu'on y découvre, sont très probablement des noms celtiques, ceux des capitaines vaincus. Mais par qui le furent-ils? ne bâillez pas, Madame, dormez plutôt. De jolis yeux fermés font naître le désir de les revoir ouverts.

Les Phocéens, peuple commerçant, fondèrent Marseille, l'an de Rome 164. Cette ville est donc la plus ancienne de France. Les Marseillais, inquiétés plus tard par des peuplades voisines, appelèrent les Romains. Le peuple-roi fut toujours disposé à protéger, pour asservir ensuite. Le sénat fit marcher le consul Domitius Œnobarbus contre les ennemis de Marseille. Il vainquit les peuples qui habitaient les contrées qu'on a nommées depuis Provence et Dauphiné; je vous fais grace de leurs noms barbares [1].

Œnobarbus crut avoir mérité les honneurs du triomphe. Le sénat ne crut pas devoir les lui décerner : il les réservait encore pour les actions du plus grand éclat. Le consul triompha de sa seule autorité. Monté sur un éléphant et suivi de son armée, il parcourut le théâtre de ses exploits. La route qu'il suivit fut appelée, de son nom, *voie domitienne*. Il en reste quelques vestiges.

Les arts florissaient à Marseille. Les Marseillais reconnaissans envoyèrent à Œnobarbus leurs architectes et leurs sculpteurs les plus habiles. L'arc de triomphe fut élevé.

Ces faits se trouvent épars dans les vieilles histoires. Leur réunion forme une masse de preuves qu'il est difficile de ne pas admettre.

[1] C'étaient les Cavares, les Vordenses, les Méminiens, les Tricastins, les Sigalouiens, les Voconces.

Vous vous attendez, Madame, à une longue et pompeuse description de ce monument. Une comparaison vous le fera mieux connaître que tout ce que je pourrais vous en dire. L'architecte qui a construit le joli petit arc de triomphe, si déplacé sur la place du Carrousel de Paris, semble avoir pris pour modèle celui d'Orange. La différence essentielle est dans les dimensions. Le dernier l'emporte de beaucoup sur celui de Paris, en élévation et en largeur.

On a laissé dépérir ce monument, dont les détails étaient du plus beau fini. On veut exécuter aujourd'hui ce qu'on eût dû faire il y a deux cents ans. Il en eût coûté beaucoup moins, et des parties tout-à-fait dégradées existeraient encore. On va restaurer cet arc ; il vaut mieux tard que jamais.

Que le mot *restauration* ne vous fasse pas croire, Madame, qu'on refera ces corniches, ces chapiteaux, ces frises, ces cippes, ces bas-reliefs si parfaits. Les cavités que le temps a faites seront remplies avec du mortier et des pierres. Déjà un mur, uni comme ceux d'une modeste maison, s'élève sur le côté droit du monument, vu de l'extérieur de la ville.

A l'autre extrémité d'Orange, sont les restes d'un théâtre romain, construit lorsque la Provence et le Dauphiné devinrent une province du grand empire. La partie la plus importante de cet édifice est encore debout. Je ne saurais vous donner la moindre idée des détails; mais pour vous faire comprendre combien il était vaste, il suffira de vous dire que l'ouverture ou la largeur de l'avant-scène était de cent quatre-vingt-quinze pieds.

Des portions de murs, éloignées les unes des autres, formant des vingtièmes, des trentièmes de cercle, et se rapportant toutes pour indiquer une ellipse, attestent l'existence d'un ancien cirque, qui commençait au théâtre, et qui se terminait à l'arc de triomphe d'Œnobarbus.

On voyait dans ce cirque des courses de char, des luttes, des combats de gladiateurs. Indépendamment du terrain destiné aux courses, il renfermait donc des arènes. On n'en trouve plus de vestiges.

Il est constant que la beauté du ciel de Provence et la proximité de l'Italie avaient déterminé le sénat à y établir une colonie. C'est là que se déployaient la grandeur et la magnificence romaines.

La plus grande partie de la ville est bâtie sur l'emplacement qu'occupait le cirque. Il est clair que la position d'Orange est entièrement changée. En effet, cette ville a été plusieurs fois prise, pillée et rasée. Cette assertion est prouvée à l'entendement par des faits historiques; elle l'est aux yeux par l'existence de ruines de remparts élevés dans le moyen âge. On les voit à une certaine distance de la ville moderne.

On ne peut marcher ici sans fouler aux pieds quelque chose qui ait appartenu aux Romains. Là, sont couchées des colonnes de granit; ici, des tronçons d'autres colonnes sont transformés en bornes, et garantissent des voitures les maisons qui forment d'étroites et vilaines rues. Nous sommes descendus dans la cave d'un menuisier. Une mosaïque très bien conservée y tient lieu de pavé. On ne creuse pas, dans la ville et dans les prairies qui l'environnent, sans trouver des débris d'une grandeur dont il ne reste plus que le souvenir. Il résulte de là que depuis la disparition du grand peuple, le terrain où est Orange s'est élevé de dix à douze pieds.

Orange possédait autrefois une université qui n'aurait point été déplacée à Beaune. *Avocat à la fleur d'orange* est une expression devenue proverbiale, et qui prouve combien les professeurs étaient peu difficiles sur le mérite des candidats qui réclamaient le bonnet de docteur.

>On raconte qu'un petit-maître,
>Dansant bien, mais fort peu lettré,
>Pour passer le temps, voulut être
>Admis *in docto corpore*.
>Il se présente, on l'interroge ;
>Il paie, et, pour soixante écus,
>Le voilà couvert de la toge :
>Il est docteur *in partibus*.
>Grand merci de votre indulgence,
>Dit-il ; mais, tandis que j'y pense,
>Messieurs, mon cheval, à son tour,
>Ne pourrait-il avoir des lettres de licence ?
>Non, lui répondit-on, piqué de l'insolence,
>Nous ne recevons pas deux bêtes en un jour.

Éveillez-vous, Madame, si notre érudition ou plutôt celle de M. Nogent-Saint-Laurent vous a endormie. Nous allons sortir d'Arausion, et marcher vers Vaucluse. Tout parle ici à l'imagination; à Vaucluse tout doit parler au cœur. Ouvrez le vôtre à des sensations qui ne peuvent être dangereuses. L'élégant, le sensible, le charmant Pétrarque ne vit plus.

L'Isle, le 9.

Nous sommes impatiens d'aborder ce point du Comtat, devenu si célèbre par des amours presque classiques. Cependant nous vous avons parlé de cette *voie domitienne* que parcourut le triomphant Œnobarbus. Elle, passait à Carpentras et à Cavaillon. Deux arcs de triomphe y furent élevés dans le temps même où tous les arts semblaient se disputer l'honneur d'embellir celui d'Orange. Nous nous sommes décidés à suivre Œnobarbus jusqu'à *Carpentoracte,* Carpentras. Nous nous serions trop éloignés de notre chemin, si nous avions voulu l'accompagner jusqu'à *Caballion,* Cavaillon.

Nous avons cherché partout dans Carpentras cet arc de triomphe qui devait frapper nos yeux. Nous avons prié vingt personnes de nous l'indiquer. Aucune n'en avait entendu parler. Les barbares!... Il est écrit: *cherchez et vous trouverez.* Nous ne nous sommes pas lassés de suivre le précepte. Enfin on nous a conduits au Palais de Justice et aux prisons. C'est sous ces deux bâtimens qu'est enseveli l'arc de triomphe d'Œnobarbus. En montant, en descendant, en traversant des tas de décombres et d'ordures, nous avons découvert un arceau, un seul arceau encore debout : il est dans le plus triste état. Il ne reste rien des sculptures qui en faisaient l'ornement, et bientôt ces tristes débris couvriront le sol profane qui les dédaigne. Nous nous sommes éloignés de ce cloaque pour nous occuper de la ville moderne.

Carpentras est bâti sur une hauteur, à

une lieue environ du mont Ventoux, l'un des plus élevés du midi, et dont le front est couvert d'une neige éternelle. Sa position est riante et ses rues sont plus larges que celles des villes que nous venons de traverser. On y remarque beaucoup de maisons sur lesquelles l'œil se plaît à s'arrêter.

Nous avions cru trouver ici, au coin de chaque rue, un large et vilain puits comme à Valence, située sur une colline moins élevée que celle-ci. Pas de puits, Madame. Le gouvernement a pourvu aux besoins de cette petite cité. Un aqueduc, élevé depuis cent et quelques années, amène l'eau du village de Caron à Carpentras. Il se compose de quarante-huit arches, et sa longueur est de trois cent soixante-six toises.

Ce monument français, très remarquable, n'est pas entretenu. Des herbes, des broussailles s'échappent de différens points de la partie supérieure de l'édifice. Il existe donc des intervalles entre les pierres qui forment le couronnement. Les pluies, le soleil, la lune ont détruit le ciment qui les unissait. Vous savez, Madame, que le ciment des Romains devenait aussi compacte que la pierre la plus dure. Malheureusement pour cet aqueduc leur secret est perdu. Avec deux mille francs on le remettrait en bon état. On le réparera quand la ville manquera d'eau, et l'on dépensera cent mille francs.

L'Hôtel-Dieu est hors de la ville et dans une belle exposition. L'extérieur de ce bâtiment a vraiment du *grandiose*. Le grand escalier est superbe. La chapelle est ornée de marbres précieux et de dorures. On y voit, à gauche, le tombeau en marbre de M. d'Inguimbert, qui fut évêque de Carpentras. Ce diocèse s'étendait sur tout le canton qui forme à présent le département de Vaucluse. M. d'Inguimbert fut le fondateur de cet hôpital. Il employa sa vie entière à soulager ses pauvres diocésains et à faire des établissemens pieux ou utiles. Un homme d'esprit a fait pour lui cette épitaphe :

Ses libérales mains ont laissé, dans Vaucluse,
Le pauvre sans besoins, l'ignorant sans excuse.

Nous croyons qu'il était difficile de mieux faire.

Les gens bien élevés seuls parlent ici français. Cela nous a donné de l'humeur, parce que les femmes y sont en général beaucoup mieux qu'à Orange. Il est un âge où il faut se borner au plaisir des yeux et à celui de l'exprimer. Mais que dire à la beauté qui ne vous entend pas ? Le cygne mourant chante, dit-on, et il chante bien ;

mais l'écho seul répond à ses accens, et cela n'est pas agréable.

Je vous entends vous écrier, Madame : Ce paragraphe est de papa Pigault ! Vous l'avez dit, et il aime que vous lui rendiez justice. Il est des cœurs assez heureusement organisés pour que certain sentiment ne s'éteigne en eux qu'avec la vie.

En sortant de Carpentras nous avons traversé le village de Pernes, dont personne ne parlerait si le célèbre Fléchier n'y était né.

Nous sommes arrivés à cinq heures du soir à l'Isle, autre village dont les habitans veulent à toute force être citadins. Une enseigne a frappé nos yeux : Hôtel de Pétrarque et de Laure. Vous sentez que nous lui avons donné la préférence.

On n'entre à l'Isle, de quelque point qu'on vienne, qu'en traversant de superbes allées de platanes, vieux comme les plus vieilles maisonnettes qu'ils bordent. Des eaux abondantes et limpides coulent le long de ces avenues et font du village une véritable île dont il a pris son nom. De grosses pierres, jetées sans art pour diriger les eaux sur les roues de quelques usines, produisent des cascades charmantes. Le superflu de l'eau s'échappe avec fracas et bouillonne en retombant. Ce spectacle a quelque chose de délicieux et nous avons été en jouir pendant qu'on préparait notre souper.

Ah! quel souper! quel souper! que tous les gastronomes du monde accourent à l'hôtel de Pétrarque et de Laure! L'anguille, la truite, l'écrevisse, pêchées devant nous, semblaient se disputer l'honneur de couvrir notre table. Quel goût délicieux a ce poisson nourri dans des eaux de roche! et comme il était assaisonné! Gloire immortelle à

M. le chef de cuisine de l'hôtel de Pétrarque et de Laure !

Nous avons couché dans des chambres décorées des bustes, un peu fatigués, de ces deux célèbres personnages, et nous nous sommes dit en nous levant : encore une lieue, et nous verrons cette fontaine que Pétrarque a immortalisée !

Étourdis que nous sommes ! nous avons oublié de vous faire part d'une anecdote qu'on nous a racontée à Carpentras. Quand on vous écrit, Madame, on revient très souvent à vous, et le cœur met la mémoire en défaut.

La Cour d'assises du département de Vaucluse tient ses séances à Carpentras, et elle est très bien là. C'est à peu près comme si un médecin fixait son domicile au milieu de ses malades[1]. Le canton est très abondant en

(1) Il ne faut pas prendre cette plaisanterie à la lettre. Ce

personnages qui forment de petites sociétés, déterminées à vivre aux dépens de la grande. Nous pourrions, si nous le voulions, vous raconter des histoires épouvantables. Nous vous ennuierons peut-être, mais au moins celle-ci ne vous effraiera pas.

>Un avocat, dont l'éloquence,
>Brillante du plus vif éclat,
>A plus d'un adroit scélérat
>Avait épargné la potence,
>Voyageait seul dans le comtat.
>Il rencontre, non loin de l'Isle,
>Trois bandits, l'effroi du canton,
>Qui, d'une manière incivile,
>Lui disent : La bourse, ou sinon !...
>Le dilemme était sans réplique ;

qui a pu y donner lieu, c'est l'arrestation de dix-sept accusés, qui venait de s'opérer à Orange lors du passage de nos voyageurs, et qui faisait grand bruit dans tout le département. Mais on doit à la vérité de dire que l'arrondissement de Carpentras est un de ceux, dans tout le Midi, où il se commet le moins de crimes. (*Note de l'éditeur.*)

Mais, bah ! l'on réplique toujours.
Du barreau c'est l'usage antique,
Fort bien observé de nos jours.
Fidèle à la vieille pratique,
L'avocat, d'un ton pathétique,
Leur improvise ce discours :
Eh quoi! messieurs, c'est moi, c'est moi que l'on arrête,
Moi, défenseur de tout le corps,
Moi, Saint-Clair, qui, par mes efforts,
De cent de vos amis ai conservé la tête !
Et vous-mêmes, messieurs, braveriez-vous, sans moi,
Le danger qui vous environne ?
Le courage du vol, c'est moi qui vous le donne ;
Mais si vous m'outragez, si je vous abandonne,
Songez qu'il est, ingrats, des procureurs du roi !

Au seul nom de Saint-Clair tout a changé de face :
C'est un autre *Il-Bondo-Cani*.
Plus d'insulte, plus de menace,
On le fête comme un ami.
Seulement le chef de la bande,
Pour prouver que de ses avis
Il faisait grand cas, lui demande

Un bon de défense gratis.
Saint-Clair signe vite, et pour cause
Peut-on refuser quelque chose
A des brigands aussi polis?
On se quitte, et l'histoire ajoute
Que deux mois après, environ,
Le billet souscrit sur la route
Fut acquitté dans la prison.

Les fruits sont plus gros et plus savoureux à Carpentras que dans les pays que nous venons de parcourir. Les pêches, les figues sont excellentes. On nous sert tous les jours des melons d'une espèce inconnue au cœur de la France. La chair est d'un vert pâle; elle fond dans la bouche, et elle est très rafraîchissante; nous la recommandons au voyageur échauffé. Ce lénitif est beaucoup plus agréable à prendre que le dissolvant que vingt garçons apothicaires proposent à M. de Pourceaugnac. On rencontre ici peu

de champs de blé, de seigle ou d'avoine;
on y trouve de la garance à chaque pas. C'est
une plante dont la racine donne à la laine
une couleur rouge sale. Cette plante est
indispensable dans tous les états dont les
souverains veulent avoir des Suisses à leur
service.

A mesure que nous avançons vers la mer,
nous sommes assaillis d'un plus grand nombre d'insectes ailés et dévorans. Nos figures
et nos mains sont couvertes de ces cloches
qui n'embellissent personne. Nous ne savons pourquoi on leur a donné le nom de
cousins; ils sont nos parens, comme Caïn le
fut d'Abel.

« Partons, partons, nous crie notre cocher. A Vaucluse, à Vaucluse, lui répondons-nous! » et nous voilà en voiture, et
nous trottons vers la fontaine tant désirée.

Vaucluse et Avignon, les 10 et 11.

Nous y voilà, nous y voilà! quels sites! quels coups d'œil ravissans! l'Isle n'est plus rien quand on arrive ici. On y voit la nature dans toute sa richesse et dans toute son aspérité. Vaucluse est un petit monde à part, à qui rien de ce qu'on a vu ne ressemble, et dont les descriptions les plus exactes ne peuvent donner qu'une bien faible idée.

Nous allons d'abord, Madame, vous faire faire connaissance avec Pétrarque et Laure. Une courte notice historique rendra plus intéressant et plus clair ce que nous vous dirons des souvenirs qu'ont laissés ces deux personnages.

François Pétrarque naquit à Arezzo en

Toscane, l'an 1304. Les guerres civiles qui désolaient l'Italie déterminèrent ses parens à se retirer à Carpentras. Ils y conduisirent le poëte encore enfant. Son talent pour la poésie se fit connaître avant l'adolescence. Il caressa d'abord les muses latines; il vit des femmes, et le désir de leur plaire le décida à écrire dans sa langue nationale.

Sa figure brillait de toute la fraîcheur de la jeunesse; ses yeux pétillaient d'esprit; ses traits étaient pleins de noblesse; sa taille était belle, et il parait la nature de tout ce que l'art peut y ajouter.

Il fit un voyage à Avignon, et le 6 avril 1327, il y rencontra Laure de Noves, mariée depuis peu de temps à Hugues de Sade. Laure avait alors dix-neuf ans; elle était charmante, et ce moment décida du sort de Pétrarque.

Laure partagea bientôt les sentimens qu'elle

inspirait; mais elle résolut de les cacher à son amant. Elle voulait être sage, ce qui est difficile à une femme qui aime; elle le fut cependant; et ce qui le prouve d'une manière évidente, c'est que Pétrarque l'adora jusqu'au dernier moment de sa vie. Une mort prématurée lui enleva Laure en 1348. Il continua de la chanter avec la mollesse et l'abandon d'un cœur sensible, avec le charme et le talent qui caractérisent un grand poète.

Vaucluse semble fait pour inspirer une tendre mélancolie. Pétrarque s'y fixa. On nous a indiqué la place où était sa modeste maison; il n'en reste pas une pierre.

Il faut voir la fontaine à deux époques de l'année, lorsque les eaux sont tout-à-fait hautes, ou lorsqu'elles sont basses. Il y en a peu en ce moment, nous avons pu nous approcher de la source.

Le vallon qui conduit du village de Vaucluse à la fontaine est terminé par des rochers inaccessibles, dépouillés de toute végétation, et d'une hauteur prodigieuse. Ils forment un demi-cercle assez exact. Vers le milieu de ces masses effrayantes, au niveau du sol, est un antre dont l'obscurité et la profondeur frappent vivement l'imagination au premier moment. Nous y sommes descendus par un sentier étroit et difficile; nous avons vu, dans un espace que nous supposons être de cent cinquante à deux cents pas, un immense réservoir d'eau. Elle est limpide, et tellement pure, qu'on en voit le fond, de l'entrée jusqu'au point où les ténèbres commencent à tout dérober à la vue. Nous y avons jeté de petites pierres que nous avons suivies de l'œil jusqu'à ce qu'elles se soient arrêtées sur le sable. A vingt pas plus loin on ne trouve plus de fond, disent les habitans du village.

C'est de cet antre que s'échappe la petite rivière de la Sorgue, qui conserve jusqu'à l'Isle sa beauté et sa pureté. En sortant de la caverne, elle se divise en ramifications qui vont porter la vie dans les plaines riantes du comtat Vénaissin. Des quartiers de roches, qui se sont détachés de ces grandes masses, vieilles comme le monde, forment de tous côtés des cascades sur lesquelles l'œil s'arrête avec ravissement, et dont il s'éloigne avec peine. C'est surtout auprès de l'antre que le temps a accumulé ces débris de rochers. Lorsque l'eau est haute, elle s'échappe avec fureur, roule de roche en roche avec un fracas épouvantable, et frappe l'homme d'admiration et de terreur. Quelle différence de ces grands efforts de la nature, à tous ceux que l'art a faits pour produire la petite cascade de Saint-Cloud, que les Parisiens trouvent merveilleuse ! Nous n'avons pu jouir de cet imposant spectacle ; mais nous avons rendu hommage à la Naïade de Vaucluse, inclinés vers son lit glacial.

Les siècles ont formé de vastes cavités dans toutes les parties de cette chaîne de rochers. Quelques-unes sont accessibles. C'est peut-être là, disions-nous, que Pétrarque allait pleurer Laure, et moduler ses tristes chants. Tout était amour autour de nous. Ces pensées nous ont jetés dans une douce rêverie ; il nous semblait entendre Zéphyre soupirer des vers.

Nous avions avec nous un des amis de l'avocat Augier, M. Eydoux, notaire, qui avait trouvé notre séjour à Carpentras trop court, et qui nous a accompagnés jusqu'à Avignon. Comme tous les méridionaux, M. Eydoux a une jolie voix et beaucoup de goût. Il prend sa guitare, l'accorde, et chante avec la plus douce expression, cette romance, que l'un de nous avait composée dans sa première jeunesse.

I.

Le voilà, ce vallon sacré,
Séjour de Pétrarque et de Laure,
Lieu célèbre et tant célébré,
Où notre cœur jouit encore.
Quand les yeux ont tout admiré,
L'air parfumé qu'on y respire
Est le souffle de deux amans,
Et l'arbre qu'agitent les vents
Exhale les sons de la lyre.

II.

Par quel prestige séducteur,
Vaucluse, fais-tu dans notre ame
Passer une amoureuse ardeur?
A ton aspect l'amant s'enflamme,

L'homme insensible trouve un cœur.
Tout ici, tout parle de Laure,
Tout la rappelle aux sens émus :
Pétrarque n'y respire plus,
Mais son amour y vit encore.

III.

Vous qui recherchez les faveurs
D'une maîtresse ou d'une Muse,
Venez sur ces bords enchanteurs :
Myrte d'amour croît à Vaucluse
Auprès du laurier des neuf Sœurs.
Pour moi, quand j'aurai douce amie,
Je veux finir mes heureux jours
Dans ce lieu chéri des amours
Et consacré par le génie.

Nous nous sommes éloignés à regret de ce séjour délicieux ; mais il a fallu enfin le quitter. Nous avons été déjeûner au village. On nous a servi des poissons de l'espèce de ceux que nous avions savourés la veille à l'Isle : c'est là toute la ressemblance que nous avons trouvée entre ces deux repas. Voyageurs délicats, friands, connaisseurs, allez voir la fontaine le matin, et revenez vous mettre à table à l'hôtel de Pétrarque et de Laure.

Cette imparfaite description ne vous donnera pas, Madame, le désir d'aller voir errer les mânes des deux amans. Montez en voiture, sur notre parole; arrivez là, et vous ne pourrez pas, plus que nous, rendre les sensations que nous avons éprouvées.

Nous sommes entrés le même jour à Avignon, à quatre heures après midi, et nous y avons passé la journée du 11. On nous a fait descendre à l'hôtel du Palais-Royal, auquel l'assassinat du maréchal Brune a donné une triste célébrité. Les détails de cet attentat froissent le cœur. Brune, sorti des derniers rangs de l'armée, était parvenu, à force de bravoure et de talens, à la première dignité militaire. Cet homme, que le sort des combats respecta si long-temps, vint tomber ici sous les coups des plus vils assassins. Ils outragèrent son cadavre, et las de le charger de ce que la férocité peut imaginer de plus atroce, ils en jetèrent les lambeaux dans le Rhône.

Nous nous sommes empressés de courir les rues d'Avignon. Nous n'avions plus M. Nogent-Saint-Laurent; il a fallu rassembler quelques lumières isolées, dont ce jeune antiquaire est un faisceau.

On parle partout des remparts d'Avignon; et ce qu'il y a de fort singulier, c'est qu'il n'y en a pas. On a très improprement nommé ainsi une enceinte de murailles gothiques de la plus grande beauté, et que le temps a respectées.

Pleins encore des souvenirs de Pétrarque et de Laure, nous avons cherché le tombeau de cette femme que le poëte a immortalisée. Nous l'avons trouvé dans la rue des Tanneurs, au milieu d'un petit jardin, qui faisait partie du couvent des Cordeliers. On croit qu'un monument superbe peut donner quelque célébrité à un mort qui n'en eut jamais. On élève une carrière, et on la charge d'inscriptions. Cela ressemble à un bouquin doré sur tranches et couvert d'un maroquin. On admire la reliûre; on ne s'occupe pas de ce qu'elle couvre.

Montécuculli, le digne rival de Turenne, fut enterré sur le champ de bataille où il perdit la vie. Il avait pour tombe une simple pierre qui portait cette inscription :

Sta, viator; heroem calcas.

Le voyageur s'approche avec attendrissement; il se rappelle les batailles gagnées par Montécuculli; et ce n'est plus une pierre qui couvre les restes d'un grand homme. L'imagination en a fait un monument, paré des mains de la gloire et chargé de faisceaux de lauriers.

Ainsi, une simple colonne brisée est élevée sur la cendre de Laure : quatre cyprès l'environnent. C'est sous cette pierre qu'on retrouve une femme charmante, qui rassembla tous les attraits des graces, et que sa sagesse a rendue aussi célèbre que sa sensibilité. Des essaims d'amours semblent voltiger autour de ce modeste tombeau. Ils tiennent la lyre de Pétrarque; ils l'accordent; ils la font résonner. On croit voir une poussière insensible se ranimer à leurs accens, se revêtir de ses formes premières, et s'élancer vers le ciel, brillante de jeunesse et de beauté.

Avignon a eu pendant long-temps ses papes et son collége de cardinaux. D'autres pontifes siégeaient dans l'ancienne capitale du monde, et Rome et Avignon s'anathématisaient réciproquement. Les peuples se prononçaient selon leurs intérêts et la situation des contrées qu'ils habitaient. Ce schisme ne coûta pas la dixiéme partie du sang que firent couler les bourreaux de François Ier, ceux de la Saint-Barthélemy, et les dragons qu'on envoya massacrer les paisibles habitans des Cévennes. Après l'extinction du schisme, des papes légalement élus fixèrent leur cour à Avignon. Nous avons voulu voir le palais qu'habitèrent les uns et les autres. Il n'est remarquable que par son étendue; nul ornement ne décore ses murailles gothiques. Ses tours, devenues inutiles, commencent à tomber en ruines. Une de ces tours, adossée à celle de *Tourrias*, touche à une glacière dont elle a pris le nom. C'est dans cette tour que le fanatisme politique..... Tirons un voile épais sur ces scènes d'horreur. Les restes du palais papal sont convertis en casernes.

Nous sommes allés de ces masures à une succursale de l'hôtel des Invalides de Paris. Elle est établie dans un ancien couvent, et rassemble neuf cents hommes mutilés.

  Respect à ces vieux fils de Mars
Qui, du nord au midi, sur des champs de victoire,
  Laissèrent leurs membres épars
  Comme des monumens de gloire !
  Respect à ces nobles débris
  De nos phalanges triomphantes !
  En eux mes regards attendris
  Ont cru voir des pages vivantes
  De l'histoire de mon pays.

Ils sont presque tous gais, et se louent

de la manière dont ils sont traités. Nous avons examiné cet établissement dans tous ses détails, et nous avons reconnu partout les effets d'une active sollicitude.

A quatre pas de là est une école de dessin, placée dans une vaste et belle maison. Les élèves travaillent d'après d'excellens modèles en plâtre. En avant de la maison est un jardin botanique, malheureusement très négligé.

Ce quartier d'Avignon est classique. On passe de l'école de dessin à un muséum digne de toute l'attention des connaisseurs.

Il fut formé peu à peu par M. Calvet, riche médecin d'Avignon, qui l'a légué à la ville. Il a assigné dix mille francs par an, sur ses biens, à l'augmentation et à l'entretien de cette collection, très belle pour une ville de province. Elle a reçu le nom de *Muséum Calvet.*

Dans une première salle au rez-de-chaussée, on voit peu de morceaux; mais ils sont tous faits pour préparer le curieux à admirer ce qu'il doit trouver au premier étage. Ce sont des vases grecs et romains; des statues antiques que les siècles ont mutilées, et qui seraient faciles à restaurer s'il y avait à Avignon un statuaire habile; de grandes pierres tumulaires égyptiennes, chargées d'hiéroglyphes, qu'un savant Grenoblois, M. Champollion, a, dit-on, trouvé le moyen d'expliquer.

Ce qu'il y a de plus précieux a été placé dans deux salles du premier étage. De vastes armoires vitrées renferment de petits objets de la plus haute antiquité, et qui n'ont souffert aucune altération. A côté, sont des armures du moyen âge, des bustes de personnages qui, depuis deux mille ans, ne vivent plus que dans l'histoire, et une foule d'objets dont la nomenclature sortirait du cadre que nous nous sommes tracé. Nous dirons cependant quelques mots d'une momie de femme que l'on doit à l'expédition d'Egypte, et qui par conséquent fait époque dans notre histoire. Elle est bien conservée. L'étui qui la renferme est de bois de sycomore. Les couleurs dont on l'a revêtu ont conservé toute leur fraîcheur, parce que cet étui était renfermé dans deux autres. La femme qui y repose eut de la célébrité il y a quelques mille ans ; elle jouit au moins de celle que donne partout l'opulence. Le temps a fui ; on ne la connaît plus ; on ne la regarde que comme un monument de l'orgueil humain, et du néant qui nous attend sur le bord de notre tombe.

Près de ces salles est placée une bibliothèque d'environ trois mille deux cents volumes, de tous formats, et bien choisis. On y remarque un *musée français* de Robillard. Cet ouvrage, où se déploie tout le luxe typographique, est en cinq volumes in-folio. Il a coûté sept mille francs.

Vous sentez, Madame, que des voyageurs tels que nous veulent tout voir. En sortant du muséum Calvet, nous sommes allés visiter une maison consacrée au malheur. On y regarde péniblement un assemblage de tous les genres de démence. Si on n'était éclairé par la religion, on serait porté à croire que notre intelligence vient de l'irritabilité des fibres du cerveau, plus ou moins vivement frappées par les objets extérieurs, et que le dérangement de ces fibres anéantit toute espèce de liaison entre nos idées. C'est là que se montre à nu la dégradation de l'espèce humaine, et qu'on fait, malgré soi, un retour sur soi-même. Qu'on se trouve petit !

Cet hospice est administré par des religieuses de l'ordre de Saint-Charles. Elles ne voient que des objets de douleur, et cependant elles sont gaies. Leur dévouement fait disparaître ce que leur position a d'affreux. Elles sont presque toutes jeunes, et quelques-unes sont jolies. La sœur Saint-Victor, qui a bien voulu nous conduire partout, réunit tout ce qui frappe l'imagination et pourrait fixer le cœur.

Elle a vu dix-huit fois le printemps refleurir ;
Sa bouche est une rose, et sous son front modeste
  Brille un regard céleste,
Propre à faire des fous plutôt qu'à les guérir.
  Des divinités de l'Olympe
  Ses attraits ont peuplé ce lieu ;
Ce n'est plus une sœur consacrée au vrai Dieu,
C'est une Grace en deuil, c'est Hébé sous la guimpe.

La sœur Saint-Victor n'a rien oublié de

ce qu'elle a cru pouvoir satisfaire notre curiosité. Elle nous a d'abord conduits à l'église: cela devait être. Elle a présenté à notre admiration un Christ, en ivoire, de dix-huit pouces de haut. Ses jolies mains le tenaient appuyé contre sa poitrine; ses yeux charmans étaient baissés sur l'image de l'homme-Dieu, dont elle attend la récompense du sacrifice de toute sa vie.

Nous n'avons rien de plus beau, ni peut-être d'aussi parfait à Paris, que ce Christ, fait par Guillermin, en 1659. Guillermin n'est pas connu, et dans la capitale, les coteries, les journaux font des réputations à des hommes qui sont quelquefois au-dessous de la médiocrité. Leur célébrité de commande s'éteint avec eux. Celle de Guillermin commence et croîtra d'âge en âge.

On trouve dans la chapelle quelques tableaux remarquables.

En sortant de l'église, nous avons visité toutes les parties de l'hospice. Je crois que nous y serions restés moins long-temps, si nous avions pu nous éloigner sans regret de la sœur Saint-Victor.

Vous êtes étonnée peut-être, Madame, du grand nombre d'établissemens que renferme Avignon. C'est une ville du troisième ordre. Plusieurs de ses rues sont magnifiques, et on y compte trente-deux mille habitans. De la réunion d'un grand nombre d'hommes naissent toujours les arts utiles et agréables.

Il y a ici des comédiens qui, nous a-t-on dit, ne sont pas sans talent. Nous avons été les voir le jour de notre arrivée. Il a fallu céder le pas à une procession de pénitens blancs. Il y en a ici de toutes les couleurs. Ils portent une longue robe, et sont masqués d'un capuchon qui a deux trous vis-à-vis des yeux. Sans cette précaution, ils se casseraient la tête contre les murs. Ils gardent, sous ce costume, le plus rigoureux incognito, et l'on prétend que la plupart d'entre eux n'y perdent pas.

La salle de spectacle est toute neuve. La coupure en est fort belle et rappelle celle de l'Odéon. Elle a cinq rangs de loges, de celles du parquet au cintre, et elles étaient à peu près remplies. On aime ici tous les genres de spectacles.

Les Avignonnais ont voulu que leur salle fût entièrement faite par des compatriotes. Ce sentiment est louable; mais il a ses inconvéniens. L'architecte, M. Bondon, est un homme d'un grand mérite; mais celui qui a peint le plafond et le pourtour des loges!... Il a fait de son mieux, et les étrangers ne doivent pas être plus difficiles que les Avignonnais.

Le 11, nous avons résolu de nous promener dans la ville et dans ses environs. Nous avons commencé par visiter le marché *Pie*. Messieurs d'Avignon sont friands, si on peut les juger par la qualité et la quantité de denrées qui sont étalées à ce marché. Il est aussi bien fourni que la halle de Paris.

Il n'était que huit heures, et déjà on tendait des toiles en travers des rues, pour se garantir de la chaleur. Depuis deux jours elle est excessive. Les cousins semblent se multiplier, et ils sont sans pitié. Si du moins on pouvait en immoler quelques-uns à sa vengeance! Ils bourdonnent autour de nos oreilles, ils nous bravent, et échappent à toute l'activité de nos mains.

Nous sommes sortis de la ville, et nous avons rencontré ce pont d'Avignon, dont on parle autant que de ses remparts, et qui ne le mérite pas moins à cause des particularités qui ont provoqué et suivi sa construction. Des religieux, pleins de zèle pour le bien des Avignonnais, l'avaient édifié des produits d'une quête qu'ils firent dans tout le comtat. Les habitans se préparaient à remercier d'une manière solennelle ces religieux, qui s'étaient occupés de leurs besoins avec tant d'ardeur, et ils voulurent jouir du pont qu'ils avaient payé. Ils trouvèrent à chaque bout un frère-lai en sentinelle, qui leur notifia qu'on ne passerait pas sans payer une rétribution modique, mais perpétuelle. Grande rumeur dans Avignon. Les habitans prétendaient qu'ils ne devaient pas payer le pont deux fois. Les moines leur répondaient que leur zèle était impayable. Le respect pour le saint cordon l'emporta sur les plus beaux raisonnemens, et les moines se créèrent une nouvelle branche de revenus, qui dura autant que le pont. Ce pont est en ruines aujourd'hui ; il n'en reste plus que quatre arches. L'on passe le Rhône à trois cents toises plus bas, sur un pont en bois que l'on doit à l'administration active et éclairée de M. Puy.

C'est à Avignon que naquit le célèbre peintre de marines, Joseph Vernet. Il porta ce genre de peinture au plus haut degré de perfection. Son nom seul est un éloge [1].

De la peinture à la poésie il n'y a qu'un pas. Permettez-nous, Madame, de placer à côté du grand nom de Vernet, le nom d'Hyacinthe Morel, poëte avignonnais, qui a plus de talent que de réputation. L'un de nous a été son élève; mais ce n'est pas à la reconnaissance seule que le chantre de la philosophie, que l'auteur de *mes Distractions* doit cette mention honorable.

(1) Depuis notre passage à Avignon, les descendans de Joseph, Horace et Carle, qui, chaque jour, ajoutent à l'illustration de leur nom, sont allés visiter leurs compatriotes. Ils ont été reçus avec la plus haute considération, et des fêtes patriotiques ont marqué leur séjour dans cette ville.

Lambesc, le 12.

Nous sommes sortis d'Avignon, avec le projet d'aller coucher à Aix. A deux lieues de la ville, nous avons remarqué un pont en bois, dont la construction n'a rien de frappant; mais il a un demi-quart de lieue de longueur, et on ne trouve pas souvent de tels ponts. Il est élevé sur la Durance, qu'a célébrée Florian. Pendant l'été, il n'y a qu'un filet d'eau dans cette rivière; l'hiver, c'est un torrent.

Au bout du pont, nous avons éprouvé le besoin d'ouvrir la cantine. Nous sommes descendus devant un modeste cabaret, où nous voulions humecter nos provisions de bouche. Une femme qui a été jolie et qui ne l'est plus, par la raison très simple qu'elle a cinquante ans, est venue nous recevoir en dansant. La graisse forme sur ses hanches deux protubérances bien prononcées. L'industrie tire parti de tout : c'est là qu'elle appuie ses mains en dansant. Un triple menton tombe sur sa poitrine, et danse avec le reste du corps. La force de cet exercice dérange son bonnet, et permet à l'œil de compter quelques cheveux gris, qui dansent aussi à droite et à gauche. Son embonpoint s'étend jusque sur la cheville du pied. Vous sentez, Madame, que la jambe n'y gagne pas. Si la petite hôtesse de Fiancey avait le superflu de ce que possède celle du pont de la Durance, et que celle-ci eût trente ans de moins, ce seraient deux petites femmes à mettre sous verre.

L'hôtesse du pont s'accompagne de la voix en dansant ; c'est en chantant qu'elle nous a servi une bouteille d'un bon vin, et un melon blanc excellent. Il paraît que cette femme est d'une activité continuelle. Nous avons demandé à son mari si elle le fait danser la nuit? Je ne danse plus, moi, nous a-t-il répondu.

Le melon, du poids de dix livres, nous a coûté six sous, la bouteille de vin cinq, et notre hôtesse a gagné là-dessus cinquante pour cent. Avis aux voyageurs qui passeront par là, et qu'on écorche dans les hôtels, où on exerce l'hospitalité avec des manières si engageantes.

Nous sommes arrivés au village d'Orgon, dont il est très douteux que l'Orgon du Tartufe fût le seigneur. On y conserve la mémoire d'une dame dont le nom mérite d'être uni à celui de M. l'évêque d'Inguimbert.

Les terres qui environnent le village étaient arides et par conséquent stériles.

Madame de Saint-Andéol a fait creuser un canal, qui part de la Durance, et qui y retourne après avoir fécondé six lieues de terrain dans tous les sens. Des filets d'eau s'échappent à droite et à gauche pour créer des prairies. Des usines sont établies sur les bords du canal dans ses parties les plus profondes.

Une chaîne de rochers élevés arrêtait les travailleurs. Madame de Saint-Andéol l'a fait percer, voûter : elle a vaincu la nature. Un parapet en pierre, de trois pieds de large, permet au voyageur de traverser cette partie du canal, qui a plus de mille pas de longueur. Il y a au plus cent ans que ces travaux sont terminés, et déjà l'un des trottoirs est encombré par les pierrailles qui se détachent de la voûte. Le premier arceau, qui soutient la roche du côté du village, est lézardé en plusieurs endroits. Bientôt ces débris arrêteront le cours de l'eau. Les cultivateurs qui se sont fixés à Orgon seront forcés de s'en éloigner, et le nom de madame de Saint-Andéol s'effacera du souvenir des hommes.

Nous sommes arrivés à cinq heures du soir à Lambesc, et nous étions encore à quatre lieues d'Aix. Notre conducteur a demandé grace pour ses mules. Il a fallu céder à un sentiment de pitié qui n'a pas dû être méritoire : nous avions besoin de ces pauvres bêtes pour le lendemain.

Lambesc est encore un de ces villages que l'amour-propre des habitans a transformé en ville. Or, dans une ville il y a nécessairement des auberges. En y arrivant, nous avons prié cinq ou six personnes de nous indiquer la meilleure. Toutes les voix se sont réunies en faveur de M. Richaud, qui tient l'*Hôtel du Bras-d'Or*; c'est là que nous sommes descendus.

On nous a fait monter au *Salon* par un escalier sombre et tortueux. Le salon est une salle de quarante pieds de long, sur douze de large; une table en occupe toute la longueur. Elle est crasseuse en quelques endroits; le feu des pipes l'a nettoyée en quelques autres; des bancs de bois et des chaises, telles qu'on en trouve aux marchés de village, garnissent le pourtour. On nous a apporté une chandelle dans un chandelier très élevé, et une autre dans un bougeoir. Les chandelles se mouchent, et nous n'avons pas l'habitude de nous servir de nos doigts; nous avons demandé l'instrument nécessaire, une fois, deux fois, trois fois; nous avons crié, tempêté. Enfin, au bout d'une demi-heure, on nous apporté des mouchettes toute neuves. Donc il n'y en avait pas dans la maison; donc il y a un quincaillier dans la *ville*.

On a mis notre couvert sur un coin de la table immense. Deux serviettes ont tenu lieu de nappe, et leur blancheur a fait ressortir l'éclat des fourchettes de fer. Une salière de terre jaune a tenu lieu des hors-d'œuvres que nous n'avions pas. Une teinte d'une humeur très prononcée a rembruni nos physionomies; mais l'humeur ne doit pas empêcher d'être juste. Nous devons convenir que tout ce qu'on nous a servi était bon, à l'exception cependant de deux poulets qu'on a tués au moment de notre arrivée, et que leur dureté a rendus sacrés pour nous. Les Romains aussi avaient des poulets sacrés, mais Lucullus n'en mangeait pas.

Après le souper, nous avons pensé à nous coucher. Une chambre à trois lits nous a reçus tous. Cette chambre a une fenêtre dont presque tous les carreaux sont cassés;

mais il fait chaud, et cela renouvelle l'air.

Les bois de lits sont construits de manière à ce que monsieur, madame Richaud, leurs enfans et leurs petits-enfans n'en voient pas la fin : à Lambesc on travaille pour la postérité. Ces lits portent une paillasse de trois pieds d'épaisseur, et un matelas qui n'a pas été refait depuis le jour des noces de monsieur et de madame Richaud. Le tout a été recouvert de draps tissés avec de la ficelle, mais très propres. Il est défendu de se laisser tomber sur ces lits-là, sous peine de se casser les reins. Vous sentez, Madame, que l'humeur augmentait de moment en moment. Nous l'exhalions sans ménagement, et nous nous étonnions de l'impassibilité de la demoiselle servante. C'est une Provençale renforcée qui n'entend pas un mot de français. Pour comble de guignon, nous n'avons pu obtenir pour nous quatre qu'un de ces vases nécessaires à des voyageurs d'un certain genre. Les carreaux de vitre cassés donnent de grandes facilités aux habitués de l'hôtel du Bras-d'Or. Le vase a été placé au milieu de la chambre, et bientôt nous avons *senti* que l'intérieur n'a pas été touché depuis qu'il est sorti du four du fabricant.

Nous n'étions pas disposés à dormir. Nous attendions les cousins, et même quelques insectes de l'odeur la plus désagréable. Il faut encore faire ici un acte de justice : nous n'avons pas senti un seul de ces derniers ; mais le diable n'a point perdu ses droits. Ces petits animaux si lestes, si sautillans, nous ont assaillis de toutes parts. Nous nous sommes félicités alors de l'épaisseur, de la dureté de nos draps ; ils nous ont délivrés des plus opiniâtres. M. Azaïs a bien raison : on trouve des compensations partout.

Le crépuscule nous a enfin tirés d'embarras. Nous nous sommes habillés et nous sommes sortis de l'hôtel du Bras-d'Or, en prononçant le serment solennel de n'y rentrer jamais. Voulez-vous vous y trouver bien? faites-vous rouliers.

<pre>
Adieu, cabaret détestable,
Adieu, vrai logis de soldats,
Où le plus dur des matelas
M'a fait cent fois donner au diable,
Où les poulets qu'on sert à table
Meurent et ne se rendent pas.
Insecte de plus d'une forme,
Commensaux piquans de ce lieu,
Qui ne souffrez pas qu'on y dorme,
Adieu puces, cousins, adieu.
O vous, amateurs d'un bon gîte,
Qu'à Lambesc pousse un mauvais sort,
Voyageurs, passez vite, vite,
Devant l'auberge du Bras-d'Or.
</pre>

Aix, le 13.

Aix était la capitale du comté de Provence. René d'Anjou, qui voulait bien se croire roi de Naples et de Sicile, en fut le dernier souverain. Il laissa son comté à un neveu qui ne lui survécut que pendant peu de mois, et la Provence fut réunie à la France.

On arrive à Aix par une magnifique avenue d'arbres, garnie, à droite et à gauche, de belles maisons. On est tenté de se croire sur les boulevards de Paris. On voit dans cette ville quelques rues dignes de son entrée; et l'ancienne Rome se retrouve dans un coin éloigné du centre de la cité.

Le proconsul Sextius Calvinus y fit venir

des eaux thermales que reçurent des bains magnifiques. Ces eaux ne sont que tièdes pendant l'été; elles sont très chaudes en hiver. Tout le monde sait que l'intérieur de la terre est très frais pendant les chaleurs, et qu'il s'échauffe quand le froid se fait sentir. On peut conclure de cette observation générale, que les feux souterrains qui chauffent cette eau sont assez éloignés d'Aix pour qu'aux mois de juillet et d'août, elle puisse se refroidir avant d'arriver aux bains de Sextius. Cependant ce noyau de feu n'est pas à une grande distance de la ville, puisque la fermentation a plusieurs fois produit des tremblemens de terre qui ont eu de funestes résultats. Le dernier se fit sentir à Aix, en 1755.

On devait entrer dans ces bains par un portique digne des Romains. Une maison moderne l'a remplacé. Il reste encore, dans l'intérieur, plusieurs escaliers en marbre blanc qui conduisent aux baignoires. Elles sont à huit ou dix pieds au-dessus du sol ; elles forment des carrés longs, et furent construites du même marbre que les escaliers. Au bas des degrés est une baignoire à droite et une à gauche.

A quelques pas de là on entre dans une rotonde, surmontée d'une coupole, qui éclaire le fond. Au milieu de ce monument est un bassin, dans lequel une pierre thermale antique, percée en plusieurs endroits, jette l'eau chaude en abondance. La rotonde présente des bancs de pierre dans son pourtour. C'est là que venaient et que viennent encore les buveurs de ces eaux qui sont minérales. Le temps avait détruit la coupole, on l'a relevée il y a peu d'années.

Dans une cour sont deux vastes cuves qui forment des carrés longs. La plus élevée se décharge dans l'autre. Elles sont couvertes de bas-reliefs assez bien conservés. Ils paraissent représenter une marche triomphale.

Près de là, la source jaillit du sein de la terre ; elle est renfermée dans une petite bâtisse moderne, dont on nous a ouvert la porte. Une vapeur sulfureuse et suffocante s'en échappe par torrens.

Une partie de ces magnifiques édifices a résisté aux ravages des siècles. Ils doivent leur conservation uniquement à l'utilité de ces eaux. Le conseil municipal qui en a pris possession, loin d'entretenir les bâtimens antiques et modernes, les a mis en ferme. On perçoit un modique impôt de ceux qui veulent s'asseoir dans ces baignoires, où les dames romaines rafraîchissaient leurs attraits.

Sur le cours, sont deux belles fontaines

d'un beau style. De l'une jaillit de l'eau froide ; l'eau chaude s'échappe de l'autre. Au bout de ces magnifiques allées est la statue du roi René.

On voit à l'Hôtel-de-Ville, dont on ne peut dire ni bien ni mal, une statue en marbre du maréchal de Villars. Elle est sortie d'un ciseau habile ; mais on y remarque avec peine, dans le costume, un mélange bizarre d'antique et de moderne.

Aix possède une école de droit qui a produit plusieurs avocats distingués.

> C'est là que j'ai connu jadis
> Nombre d'aimables étourdis
> Pleins de gaîté, d'insouciance,
> Qui, libres enfin de Mentor,
> Aux charmes de l'indépendance
> S'abandonnaient avec transport.
> Ces gais disciples de Barthole,
> De leurs pères trompant l'espoir,

Préféraient aux bancs de l'école
Ou le théâtre ou le boudoir.
D'un professeur par trop rigide
Leur fallait-il suivre le cours ?
Une lecture moins aride
Leur prêtait tout bas son secours ;
Et lorsque l'ennui, dans la chaire,
Commentait Despeisse ou Boisceau,
L'un s'égayait avec Voltaire,
L'autre pleurait avec Rousseau.
Sous les fenêtres d'une belle,
Que de fois, troublant son sommeil,
On les vit charmer son réveil
De couplets inspirés par elle !
Beaux-arts, et vous, sexe enchanteur,
Vous étiez notre double idole ;
Temps écoulé dont ne console
Gloire, fortune, ni grandeur!
O vous, qui cherchez le bonheur,
Croyez-m'en, allez à l'école.

On va terminer à Aix un palais de justice

dessiné sur de fortes dimensions. L'architecture en est simple et élégante.

La cathédrale mérite d'être vue. Les portes de la principale entrée sont chargées d'un grand nombre de figures bien sculptées, et réparties avec une sorte de goût. De doubles portes les conservent et ne s'ouvrent qu'à certains jours. On trouve dans le chœur quelques bas-reliefs de Puget. Les fonds baptismaux fixent particulièrement l'attention. Une coupole légère couvre la piscine, et elle est soutenue par six colonnes de marbre d'une seule pièce. Ces colonnes ont trente pieds d'élévation et huit de circonférence. Ce sont des dépouilles des bains de Sextius. Au moins elles sont en évidence dans la cathédrale, et on les verrait à peine dans ce qui reste des bains, obstrués de tous côtés par des bâtisses modernes et mesquines.

On quitte volontiers le bien pour être mieux. La ville des Phocéens nous appelle, et nous partons.

Marseille, les 14, 15 et 16.

En approchant de cette ville, on cherche ces *bastides* qu'on vante partout, nous ne savons pourquoi. Nous avons vu, de la route d'Aix, un grand nombre de maisonnettes de fort mauvais goût. Elles n'ont pas d'ombre ce qu'il en faudrait pour couvrir une pièce de cent sous. On dit que les Marseillais attachent beaucoup d'importance à ces niaiseries.

Nous avons vite tourné les yeux vers la mer, qu'il nous était impossible d'apercevoir encore. Mais espérer, c'est déjà jouir. Nous sommes enfin arrivés à la *Viste*, et nous avons fait arrêter nos mules.

La *Viste* est la cime de la dernière éminence qui dérobe la mer à l'œil avide du voyageur. Quel grave et magnifique spectacle étonne et charme, de ce point, l'imagination la plus froide ! On est assailli par des émotions inconnues, et on s'y laisse aller avec complaisance. Cependant l'aspect de cette masse immense d'eau, de cet élément dangereux et perfide, rappelle l'homme à sa faiblesse, j'allais dire à son néant. Mais quelle idée noble et grande il reprend de lui-même, quand il découvre le port ! Trois cents vaisseaux de toutes les nations, arrivés là des quatre parties du monde, lui annoncent que la mer est vaincue.

Vous sentez bien, Madame, qu'après nous être logés, nous avons couru sur le port. Nous avons donné en passant un coup d'œil à l'Hôtel-de-ville. Il est beau, et les sculptures sont de Puget. Mais il passera, et la mer sera la même après des milliers de siècles.

Le port de Marseille forme une ellipse entr'ouverte du côté de la mer. Elle est bornée, à droite et à gauche, par deux roches élevées, sur lesquelles on a construit des citadelles qui défendent l'entrée du port.

Il y a ici, comme dans toutes les grandes villes, des fiacres de terre. Il y en a aussi de nautiques. Trente ou quarante patrons de gondoles, agréablement couvertes, vous invitent à vous promener sur une surface unie qui réflète partout les rayons du soleil. C'est une glace de huit cents lieues de long.

Nos dames, un peu timorées, ne savaient si elles accepteraient, si elles rejeteraient ces invitations multipliées. Émile s'est précipité dans la barque, et il a bien fallu que ses mamans le suivissent. Elles ont avancé lentement un pied timide sur la planche qui les a conduites dans la nacelle. Nous avons traversé le port, oui, Madame, le port tout entier, et en abordant à l'autre rive, nous étions aussi fiers qu'un marin qui arrive des Grandes-Indes.

Nous avons passé le reste de la soirée au spectacle. Nous y avons vu Philippe, du Vaudeville de Paris, qui attire la foule à Marseille. Il a un talent original, plein de verve, d'esprit et de gaîté.

>Quelle modeste effronterie !
>Quel ton mielleux, quel air rusé !
>C'est bien là Gaspard l'Avisé ;
>Philippe sent la Normandie.
>— La Normandie ? oh ! parbleu non !
>Le voilà couvert d'un galon :
>A cette insolente figure,
>A cette audace de poltron
>Qui s'accroît autant qu'on l'endure
>Et se tait devant un bâton,
>Qui ne reconnaît un Gascon ?
>— Lui, Gascon ? n'allez pas si vite ;
>Bientôt vous le verrez Picard.

— Qu'est-il enfin ? — A force d'art,
Il s'est rendu cosmopolite.

Nous avons le bonheur de trouver, presque partout, de bons parens ou des amis. Une partie de mer est organisée pour demain. Il ne s'agit plus de traverser le port : nous irons en rade, en rade, et même au-delà. Émile ne désire, ne rêve plus que la mer. La nature aurait-elle caché, dans ce petit corps, un second Duguay-Trouin? Nos dames ont maintenant le pied marin, et si les excellens vins du Midi, qu'on nous versera sur la côte, ajoutent un degré à leur courage, elles seront assez déterminées pour entreprendre un voyage au château d'If.

Quand notre soif de voir la mer a été étanchée, nous sommes revenus aux objets terrestres. Nous avons parcouru la ville dans tous les sens. La vieille Marseille, qui n'est certainement pas celle des Phocéens, est un misérable amas de rues étroites et malpropres. La nouvelle ville est magnifique, et l'emporterait de toutes les manières sur Paris, ne fût-ce que par la proximité d'un port, constamment plein de vie, sans les monumens magnifiques dont la capitale de la France est presque surchargée. Les rues de Marseille, droites et larges, bordées de superbes maisons, étonnent l'œil et l'invitent à s'y reposer. Une de ces rues commence à la porte d'Aix et finit à celle de Rome. Elle est tirée au cordeau, et sa longueur est de huit cent trente-trois toises. Des trottoirs de trois à quatre mètres, unis comme des parquets, s'offrent partout aux gens de pied. Trente fontaines, dont le plus grand nombre est d'un style modeste, alimentent des ruisseaux qui, après avoir rafraîchi la ville, vont se perdre dans la mer.

Des allées d'arbres, qu'on nomme *cours*,

donnent, dans plusieurs quartiers, de l'ombrage, de l'air, et par conséquent de la fraîcheur. Le plus remarquable est le cours Bourbon. On est conduit, sans s'en apercevoir, au haut d'une roche, par un chemin en pente douce, qui tourne autour de cette masse ; il est bordé de haies épaisses, d'un beau vert, et qu'on taille avec soin. Il mène à une colonne de granit, de moyenne proportion. Cette colonne, apportée d'Égypte, à la suite de l'expédition de l'an 7, fut d'abord placée au bas de la montagne, et reçut le buste du premier consul. En 1814, on la transporta dans le lieu où on la voit maintenant, et elle remplaça le cénotaphe élevé en l'honneur de Desaix. Ainsi un monument de la valeur française est devenu plus tard un instrument, à l'aide duquel on a cherché à effacer le souvenir d'un des guerriers qui ont le plus illustré la France.

La population de Marseille est de cent vingt mille ames. Nous ne pouvons parler des habitans de cette ville, sans céder à une impulsion bien naturelle. Arrêtons-nous un moment sur la plus belle moitié des descendans des Phocéens.

Presque toutes les Marseillaises sont jolies, très jolies. Celles qui ne le sont pas, suffisent à peine à porter les ombres nécessaires sur un tableau mouvant et délicieux.

Les Marseillaises ont un caractère de physionomie qui leur est propre. Le tiennent-elles des Phocéens? nous n'osons le croire. Les siècles et le croisement des races en ont nécessairement altéré le type primitif. Elles sont blanches sous un ciel brûlant. En général elles manquent de teint; mais cette pâleur donne à leurs traits un air de langueur qui les rend plus intéressantes. Leur bouche rosée est garnie de perles; leur nez effilé tient de l'aquilin, et leurs yeux unissent la vivacité à la plus molle douceur. Si Mahomet était venu ici, nous croirions que les Marseillaises lui ont donné l'idée de son charmant paradis.

> La Vénus des païens naquit au sein des mers.
>   C'est vous, filles de la Phocée,
> Qui de ce conte heureux donnâtes la pensée.
>   En voyant tant d'attraits divers,
> Et ce regard, rempli d'un feu qu'il communique,
>   On juge aisément que l'Amour
>   Dans ces lieux a fixé sa cour,
>   Mais non pas l'amour platonique.

Les hommes sont gais, et portent quelquefois la franchise jusqu'à la rudesse. Ils ne sont guère agités que de deux passions, l'amour de l'or et celui du plaisir. L'industrie fait circuler le premier; leurs Phocéennes leur offrent le second.

Tout ce qui a tenu au régime féodal est ici oublié. Si un gentilhomme faisait l'important, on lui rirait au nez, et on lui demanderait si Adam était noble. A la vérité, l'aristocratie de l'opulence en a remplacé une autre à Marseille. Laquelle vaut le mieux? c'est une question, Madame, que nous vous prions de décider.

Le soleil se lève radieux et nous promet une mer calme et parée du plus beau vert. Chacun de nous se livre à toutes les illusions qui naissent ici à chaque pas. Chacun fait d'avance son roman de la journée. Émile aussi compose le sien.

Pendant que nous courons, que nous rions, que nous raisonnons, que nous déraisonnons, l'astre vivifiant s'avance dans sa course, et fait naître des réflexions sur la température brûlante dont nous sommes menacés. Ces réflexions calment singulièrement notre impatience. Nous voulons nous embarquer; mais nous ne nous soucions pas d'être rôtis. Hélas! hélas! hélas! et quatre fois hélas! Il a fallu attendre quatre heures pour nous lancer dans l'empire d'Amphitrite.

Quatre heures sonnent enfin. Nous ne courons pas, nous volons. Nous arrivons sur le quai. Cinq dames et huit hommes forment les équipages de deux embarcations. Le patron Jacques, le vétéran du port, démarre, prend le large, arbore son pavillon amiral, et l'assure d'un coup... de pistolet. Son lieutenant se met en ligne, et les deux bâtimens marchent de conserve. Ils ressemblent, en traversant une forêt de mâts, à des coquilles de noix qui portent des fourmis. Émile est choqué de la comparaison ; il se croit déjà digne de faire le tour du monde.

Nous allions sortir du port. Une demoiselle, jeune et très jolie, s'écrie : «Ah ! mon

Dieu, voilà un requin ! il nage à fleur d'eau ; il nous attend. » La demoiselle rougit, pâlit : nous regardons, nous distinguons le monstre marin, et nous lui trouvons un air terrible et menaçant. Nous nous écrions tous : « Sau-
« vons mademoiselle Sophie. C'est un bou-
« ton de rose qui attend le moment de s'en-
« tr'ouvrir. Le requin n'en happera qu'un ;
« mais qui se dévouera ? » Tous les regards se portent sur le papa Pigault. « Je suis votre
« doyen, Messieurs ; mais je tiens beaucoup
« à la vie. Que le sort désigne la victime.
« Nous jouons au passe-dix et au trictrac.
« Quelqu'un a bien des dés dans sa poche ?
« Qu'ils roulent sur la forme d'un cha-
« peau. »

Vous vous rappelez, Madame, la fable des bâtons flottans de La Fontaine :

De loin c'est quelque chose, et de près ce n'est rien.

Bientôt le requin n'a plus été qu'une bouée.

Il faut vous dire, Madame, ce que c'est qu'une bouée. C'est une souche de liège qu'on fait flotter, et qui indique le câble de quelque vaisseau, que l'eau dérobe à la vue. En passant sur ce câble, on s'expose à chavirer.

Nous avons ri de notre frayeur. Ainsi s'est terminée une scène qui avait commencé comme un mélodrame.

Après avoir dépassé les deux forts, qui ne menacent que l'ennemi, le vent a fraîchi, et le roulis a commencé à se faire sentir. Nos dames ont cru avoir un léger mal de tête. Quelques-unes ont craint les nausées. Toutes les idées grandes et généreuses se sont éteintes. Elles ont regardé le château d'If, qui était le but de notre course. Nous en étions à une demi-lieue, et elles ont prétendu le voir parfaitement du point où nous étions. Il a fallu relâcher au fond du golfe Pharot ;

La montagne en travail enfante une souris.

Nous débarquons, et une demi-heure après, un excellent dîner nous est servi dans une salle d'où l'œil s'égare de tous côtés sur la mer.

Les clovisses, les oursins, la bouillabaisse, la tourte de poissons sortant de l'onde, et plongés vivans dans des vases meurtriers, couvrent la table. L'air de la mer donne un appétit dévorant. Nous nous arrachons les morceaux. Bientôt nous nous apercevons que nous avons avec nous des femmes charmantes, et la conversation se ranime.

Ah! si nous avions pu leur dire tout ce qu'elles nous inspiraient! Il a fallu se borner à leur adresser ce qu'elles pouvaient entendre. Le cœur souffre un peu de cette contrainte, mais la délicatesse y gagne.

Le vent était calmé; nous appelons le patron Jacques, nous nous embarquons, et le cap est mis sur Marseille.

> Des nuits la paisible courrière
> De son argentine lumière
> Blanchit la surface des flots;
> Le tendre Zéphyr, de son aile,
> Doucement pousse la nacelle,
> Et nous porte les chants des joyeux matelots.
> O Zéphyr, retiens ton haleine;
> Joyeux matelots, taisez-vous;
> Silence ! écoutez avec nous
> Le chant plaintif de la Sirène :
> Il est si touchant et si doux !

« Tu fuis sur le gazon l'amant qui te sut plaire [1] :
Voudrais-tu l'accabler du poids de tes rigueurs ?

---

(1) *Cette romance est de M. Audiffret, avocat distingué du barreau de Marseille.*

Crains, Daphné, crains Vénus et toute sa colère,
Crains le reptile impur qui glisse sous les fleurs.

« Cesse donc de me fuir, je promets de te rendre
Le voile, les rubans, les fleurs et les cheveux,
Et même les baisers que tu me laissas prendre,
Le premier jour de mai, sur ton sein amoureux.

« Tu me dis que demain peut-être, moins cruelle,
Tu céderas au vœu de mon cœur éperdu ;
Songe que si demain je te trouvais moins belle,
Tu pleurerais, Daphné, d'avoir trop attendu. »

Nous touchons au rivage, les chants de mademoiselle Sophie ont cessé ; nous prenons terre, et nous rentrons à notre hôtel, pleins de cette délicieuse soirée. Morphée a ouvert ses portes de roses, et des songes charmans nous ont bercés pendant toute la nuit. Émile est dans l'enchantement. De tout ce qu'il a vu dans notre voyage, Marseille seule l'a vivement frappé. Il en conservera le souvenir toute sa vie.

Toulon, les 17 et 18.

Nous quittons une contrée pleine de vie et de charmes, nous allons entrer dans un canton où la nature semble ne plus exister. Des terres pierreuses, arides, nous préparent à cette pénible transition. En sortant de Cuges, nous nous enfonçons dans une gorge tellement étroite, qu'à peine on a pu y pratiquer un chemin tortueux qui suit les sinuosités des rochers. Ils s'élèvent à une grande hauteur, et semblent avoir été jetés les uns sur les autres par quelque grande révolution du globe. La main du temps est empreinte sur ces masses; elle les a mises entièrement à nu. Pas de traces de végétation, pas un brin de verdure, pas un oiseau.

pour distraire l'œil attristé du voyageur. Il croit, à chaque instant, voir s'écrouler sur sa tête les débris d'une nature éteinte et que rien ne ranimera jamais.

Nous sortons de ces gorges à Ollioules, et nous retrouvons un monde vivant. De ce village à Toulon, la nature se ranime à chaque pas. La terre se pare des plus belles couleurs. Là sont des plans de câpriers ; ici croît l'arbre qui porte la jujube ; plus loin des orangers en pleine terre offrent des tableaux variés et pittoresques. Ils raniment l'imagination contristée et la gaîté abrége le chemin.

Une sensation pénible affecte le voyageur dès l'entrée de Toulon. On traverse des fortifications qui annoncent des projets de résistance, et qui rappellent d'anciennes agressions. On revient, malgré soi, au souvenir de ces cruelles et longues scènes de carnage et de dévastation, qui ont presque toujours désolé la terre. L'homme est-il né plus féroce que la panthère et le tigre? Ces animaux, que nous nommons des monstres, respectent au moins leurs semblables.

Nous aurions trouvé la ville superbe, si nous y étions entrés en sortant de Valence, de Montélimar et d'Orange. Elle est très inférieure à Marseille. Des groupes de soldats, de toutes les armes, et vêtus de toutes les couleurs, parcourent les rues dans tous les sens. Le fusil, le sabre, la hache d'armes, étincellent à leur côté ou dans leur main; et pas une Phocéenne qui invite l'œil à se reposer sur elle des tristes idées qui se multiplient à chaque pas.

Des misérables ont creusé, de leurs mains, le port de Toulon, le plus vaste, après celui de Brest, de tous les ports de la marine royale, et l'un des plus sûrs de l'univers.

8.

On aperçoit, de loin, la vaste enceinte qu'on appelle arsenal. Il est permis d'en voir l'étendue ; il ne l'est pas d'y pénétrer. Il semble que l'homme soit honteux des moyens de destruction qu'il y a accumulés.

Un hasard heureux nous a fait connaître M. Tourrel, officier supérieur de la marine royale. Il joint à des talens distingués une amabilité et une complaisance rares. A sa voix, toutes les portes se sont ouvertes, et il a bien voulu nous accompagner dans ces lieux où tout est sévère et terrible.

Nous sommes montés au fort Lamalgue. Il commande une partie du port. De longues plate-formes, élevées en pierre au sommet de la montagne, forment un carré long, prêt à recevoir une formidable artillerie. Au moins cette forteresse n'est consacrée qu'à une légitime défense.

Nous sommes entrés dans la chapelle. Au-dessus de l'autel est un tableau qui représente saint Louis combattant les infidèles. Des princes chrétiens sont aujourd'hui leurs alliés!

Nous avons trouvé, au bas de la montagne, le canot de M. Tourrel. Nous nous sommes embarqués, et nous avons gagné la grande rade, en passant à côté de vaisseaux qui ressemblent à des citadelles flottantes. Nous sommes montés à bord du *Scipion*. Nous avons admiré la propreté et l'ordre qui y règnent. De jeunes matelots s'exerçaient à manœuvrer quatorze pièces de canon, prêtes à vomir la mort au premier signal.

La pluie a commencé à tomber quand nous sommes descendus du fort Lamalgue. Elle a redoublé quand nous nous sommes rapprochés du *Scipion*. La nature semblait vouloir éloigner des amis de la paix de ces objets de terreur.

L'orage nous a suivis jusque dans l'arsenal. Nous n'avons pu le voir qu'imparfaitement. Il a fallu se borner à visiter l'intérieur des édifices.

La salle d'armes présente un aspect aussi extraordinaire qu'imposant. Les instrumens meurtriers, de toute espèce, sont rangés symétriquement. Quelques-uns composent des trophées arrangés avec beaucoup d'art. Ce qu'ils ont de menaçant, pris isolément, disparaît par la manière heureuse dont ils sont groupés.

La salle des modèles n'offre que des miniatures; mais elles sont faites avec un talent qu'on ne se lasse pas d'admirer. Cette salle réunit, sans aucune exception, tout ce qui tient à la marine, depuis le vaisseau de hautbord jusqu'au plus mince ustensile.

La corderie est un bâtiment formé par trois rangs de voûtes parallèles, qui se soutiennent mutuellement. Sa longueur étonne l'œil du voyageur. Il peut à peine, de la porte d'entrée, distinguer l'autre extrémité de cet édifice. Autrefois on n'y fabriquait les cordages qu'à force de bras. Aujourd'hui trois hommes font jouer une machine très simple, et le câble le plus fort paraît sortir, au commandement, de leurs mains.

Dans la ville, sur le port, dans l'arsenal, on rencontre, à chaque instant, des troupes de ces misérables que le crime a conduits au bagne. Ils sont enchaînés deux à deux et sont condamnés aux travaux que font ailleurs les bêtes de somme. Pas un cheval, pas un mulet ne partage leurs efforts. Ils sont placés au niveau et peut-être au-dessous de ces animaux. Des forçats, des forçats, et toujours des forçats. Beaucoup d'entre eux n'attendent que de la mort la fin d'un supplice qui se renouvelle tous les jours; et cependant ils ne paraissent ni humiliés ni tristes. Nous en avons vu rire et chanter! L'excès de l'avilissement rend-il l'homme insensible?

Nous avons été en proie aux plus tristes idées pendant notre séjour à Toulon, et la tristesse porte à la réflexion. Nous considérions cette nappe immense d'eau qu'on appelle mer Méditerranée; nous nous demandions si elle a toujours existé, et ce qu'elle est réellement. Les lacs n'ont ni flux ni reflux; la Méditerranée n'en a pas: ne serait-elle que le plus grand des lacs?

Quand on se laisse aller à ses idées, on ne sait où l'on s'arrêtera. Nous avons eu l'audace de remonter à des siècles dont il ne reste pas le plus léger souvenir. Nous avons interrogé la nature, et nous lui avons demandé compte des grandes révolutions qui ont bouleversé notre petit globe.

On croit généralement que la Sicile a tenu à l'Italie. Il est presque incontestable que l'Angleterre a été détachée du continent. Des falaises très élevées régnent le long des côtes de Calais et de Douvres. Les lits horizontaux de terre et de roche dont ces montagnes sont composées, se ressemblent parfaitement des deux côtés. Ils sont de la même nature, de la même couleur, de la même épaisseur, et placés exactement vis-à-vis les uns des autres. On voit à Calais un banc de petits cailloux ronds, et d'une couleur rosée. On les retrouve dans le port de Douvres. On a conclu de ces ressemblances frappantes, que la falaise a été coupée en deux par quelque grande catastrophe qui a ouvert un passage à l'Océan.

Ce qui rend cette opinion plus que vraisemblable, c'est une espèce de langue de terre qui traverse tout le détroit dans sa partie la plus étroite. On l'a sondée il n'y a pas soixante ans, et on l'a trouvée assez élevée au-dessus du fond de la mer, pour la reconnaître dans toute sa longueur. Cette langue de terre, que les courans n'avaient pas anéantie encore, était-elle le reste des grandes masses qui liaient l'Angleterre au continent?

Il est bon de remarquer, Madame, pour l'intelligence de notre rêve, que certaines parties de la Hollande sont au-dessous du niveau de la mer. Elle est contenue par des digues artificielles. La nature n'a-t-elle pu en former ailleurs de plus élevées, de plus larges, de plus solides, de ces digues que des milliers de siècles ont commencé seulement à ébranler? L'Océan, en battant sans interruption les terres qui joignaient l'Afrique à l'Espagne, a continué ce que le temps avait commencé. Un tremblement de terre a pu renverser la faible barrière qui s'opposait encore à l'irruption de l'Océan.

Alors il s'est lancé avec fureur dans de vastes contrées moins élevées que sa surface. Des villages, des villes, des provinces, des royaumes, ont été engloutis. Cette épouvantable chute d'eau n'a cessé que lorsque la mer Méditerranée est montée au niveau de l'Océan. Quelques hommes ont pu échapper à ces affreux désastres. Ils ont porté au loin l'histoire de ce déluge, et vous savez, Madame, que les anciens en reconnaissaient plusieurs. La fameuse île Atlantide a dû, en s'abîmant dans la mer, couvrir d'eau des plages lointaines.

On parle long-temps de ces calamités qui anéantissent une partie du genre humain. Elles cessent enfin de frapper l'imagination. Les traditions s'altèrent; des fables naissent, pour s'effacer à leur tour. Les siècles s'écoulent, et nous ne savons rien des maux qui ont accablé notre déplorable espèce.

Ainsi, en voguant vers ce *Scipion* qui paraît commander à une rade immense, nous avons passé, peut-être, au-dessus de quelque ville que la terre s'enorgueillissait de porter, qui donnait des fers à des peuplades voisines, dont la renommée s'occupait sans cesse, et qui n'est plus habitée que par ces animaux à qui il est donné de sonder la profondeur des mers.

Voilà, Madame, la fin d'une hypothèse, d'un système, d'une extravagance, si ce dernier mot vous convient, qui nous a aidés à passer quelques momens. Nous voulions voir l'hôpital de la Marine, et un jardin botanique, dignes, dit-on, de toute l'attention des observateurs. La pluie continuait à tomber par torrens, et les membres qui composent notre petite caravane avaient épuisé toutes leurs idées. Chacun de nous a cherché, dans celles des autres, quelque aliment nouveau.

Le maître de l'hôtel où nous logeons, son fils, quelques voyageurs désœuvrés ont répondu à nos questions. On ne rit pas ici; et la conversation a une teinte rembrunie. On eût pu nous parler de sorciers, de revenans, d'évocations. On s'est contenté de nous entretenir du tableau qu'on a sous les yeux, de forçats, et de ce qui a rapport à cette portion dégradée de l'espéce humaine.

Je vous ai dit, Madame, qu'ils sont enchaînés deux à deux. Ils ne quittent jamais leurs fers, pas même la nuit. On les fixe sur un lit de camp, tel qu'on en voit dans les corps-de-garde. C'est là, c'est sur du bois que ces malheureux cherchent quelque repos. Si l'un fait un mouvement un peu fort, il éveille nécessairement l'autre;

et des discussions, plus ou moins vives, troublent le sommeil de leurs voisins. Les gardiens font renaître le silence, la canne à la main.

Jamais on ne consulte leur goût pour les accoupler. Si deux forçats paraissent vivre en bonne intelligence, on les sépare à l'instant, non pour ajouter à leurs maux, mais pour prévenir des projets d'évasion.

Nous vous avons parlé, Madame, de l'espèce d'insensibilité dans laquelle ils sont tombés. Cependant ils sont quatre mille ; et le désir de recouvrer la liberté se fait sentir à quelques-uns d'entre eux. Il en est peu qui soient parvenus à s'échapper entièrement ; mais leurs combinaisons sont étonnantes. Presque tous leurs plans sont des chefs-d'œuvre d'industrie. Souvent ils ne commencent à les exécuter qu'après les avoir mûris et préparés pendant des mois entiers, et quelquefois des années. Ils disparaissent du bagne; on les cherche au loin, et ils sont cachés aux pieds de leurs gardiens, dans des trous, sous des pierres, où ils se proposent de rester jusqu'au moment où les perquisitions doivent cesser. Il leur faut des alimens, et presque toujours ils sont dénoncés par le confident qui s'était chargé de leur en apporter. Il obtient quelques douceurs pour prix de sa perfidie; les déserteurs reçoivent cent, deux cents coups de bâton, et le temps de leur esclavage est prolongé, selon les circonstances qui ont caractérisé la désertion.

Ceux dont la conduite est réglée et qui marquent de la docilité, sont traités avec ménagement. On leur permet de faire de petits ouvrages, dont le produit adoucit leur misère. Ce sont des étuis, des boîtes de carton de toutes les formes et de différentes dimensions. Ils les couvrent, avec assez de talent, de pailles agréablement nuancées.

Leur nourriture est la même pendant toute l'année ; mais elle est saine et abondante. Dès qu'ils sont malades, on les transfère dans un hôpital où ils sont bien traités. Quand ils parviennent à l'âge de soixante et dix ans, et qu'ils ont quelque infirmité, le commissaire général les envoie dans un hospice, où ils finissent leurs jours en paix.

Ils portent un pantalon de toile grise, une casaque et un bonnet rouges. Ceux qui sont condamnés à vie ont un bonnet vert. Ceux-là ont un intérêt réel à fuir, et le bonnet vert fixe constamment sur eux l'attention des gardiens.

Nous avons vu le fameux Cognard, enfermé au bagne. Lors de l'invasion des étrangers, il avait profité de quelques momens de trouble, et s'était évadé. Une assez belle figure, de l'esprit, et de l'argent escroqué, lui permirent de se présenter avec avantage. Il obtint du service sous le nom de comte de Ste.-Hélène, et parvint promptement au grade de colonel. Lancé dans la haute société, il y brillait par ses qualités naturelles et par sa dépense. Il ne soutenait un grand train que par des escroqueries continuelles. Il fut soupçonné, poursuivi, emprisonné et reconnu. On le renvoya au bagne de Toulon, et pour toute sa vie. Dépouillé de l'épée, on lui donna une quenouille : il file du chanvre à la corderie.

Toulon est tout-à-fait sous un régime militaire. Le goût de l'arbitraire gagne de proche en proche; et il n'est pas là de mince commis qui ne soit flatté de faire sentir qu'il a une ombre d'autorité. Nous avons trouvé, en entrant dans la ville, un homme qui n'a d'autre talent que de dire : « Messieurs, vos

passeports. Vous les enverrez prendre à la police, demain, de sept à huit heures. »
On peut vouloir partir à l'ouverture des portes, et le voyageur ne doit pas être soumis aux fantaisies de la police. N'importe, il faut qu'il attende que M. le commis, à cinq ou six cents francs d'appointemens, soit las de dormir, qu'il ait retourné sa cravate et ciré ses souliers.

A sept ou huit heures donc, nous envoyons prendre nos passeports. On nous fait répondre qu'ils ne seront prêts qu'à onze. Il est impossible de pousser plus loin l'oubli de ses devoirs, et des droits du public.

Demain, à la pointe du jour, nous sortirons de Toulon, et nous sommes loin d'en être fâchés. Nous irons retrouver notre Marseille, où tout est liberté, vie, gaîté et plaisir.

Marseille, le 19.

Toulon était pour nous les colonnes d'Hercule. C'est là que nous avions fixé les bornes de notre univers. Nous avons franchi ces pont-levis, ces bastions, ces pâtés, ces demi-lunes, tout ce qui constitue une prison supportable, et nous avons cru avoir reconquis notre liberté.

Cette idée ranime la bonne humeur. D'ailleurs nous retournions à Marseille. On y arrive avec plaisir; on s'en éloigne avec peine, et nous devions y rentrer quelques heures avant la nuit. Une chansonnette succédait à une autre sans que nous pensassions à chanter. C'est là le meilleur de tous les chants, parce qu'il n'ennuie personne.

Qu'on est à plaindre, au contraire, quand ce qu'on appelle convenance contraint à presser, pendant une demi-heure, une petite demoiselle, sans voix et sans oreille, de vouloir bien se faire entendre! Elle en meurt d'envie, et semble se faire un plaisir d'éprouver jusqu'où peut aller la patience. Elle se met enfin à son piano. Il n'est pas d'accord et elle ne s'en aperçoit point. Elle chante, et elle chante faux. Ce qui est vraiment diabolique, c'est qu'il faut l'applaudir pour plaire à papa et à maman. Ils se rengorgent et croient fermement avoir enfanté un petit prodige.

En faisant ces réflexions, qui n'ont rien de bien charitable, nous avons commencé à voir le château de Notre-Dame de la Garde. Nous ne vous en avons rien dit, Madame, pendant notre séjour à Marseille, par la raison très simple qu'on ne le voit pas en arrivant d'Aix, et que lorsque nous avons été dans la ville, nous n'avons eu autre chose à faire que de nous occuper de vieilles masures. En revenant de Toulon, il nous annonçait que nous approchions de Marseille, et nous l'avons regardé avec beaucoup de plaisir.

Malgré cela, nous n'avons pu applaudir au talent de l'ingénieur qui l'a construit, peut-être du temps du bon petit roi d'Yvetot. Il est trop éloigné du port pour en pouvoir défendre l'entrée. Il semble placé où il est, uniquement pour battre la ville. Ces réflexions, un peu tardives, ont déterminé le gouvernement à l'abandonner. Il y a environ cent ans qu'un homme d'esprit écrivit :

C'est Notre-Dame de la Garde,
Gouvernement commode et beau,
A qui suffit, pour toute garde,

Un suisse avec sa hallebarde...
Peint sur la porte du château.

Nous n'entrons dans tous ces détails que parce qu'on parle, sans s'en douter, des objets qui fixent constamment la vue; et nous n'avons cessé d'apercevoir la forteresse démantelée, qu'en descendant dans Marseille.

Nous avons couru embrasser nos bons amis et leurs charmantes Phocéennes. Nous avons passé la soirée ensemble, et nous avons visité les cafés. Quelques-uns sont au-dessus des plus beaux de Paris, celui des Mille Colonnes excepté. Une glace ici, un sorbet là, nous ont conduits à l'heure où des voyageurs sentent le besoin de se reposer. Nous nous sommes quittés avec de vifs regrets. Puissions-nous nous retrouver un jour !

Aix, les 20 et 21.

SE reposer ! oui, Madame, c'est le mot propre. Voyager pendant une partie du jour, employer l'autre à voir ce qu'il y a de remarquable dans les lieux où l'on arrive, et se lever à trois heures du matin pour écrire l'article de la veille, telle est la vie que nous menons depuis quinze jours, et nous ne sommes pas de fer. Le diable lui-même n'y tiendrait pas. Nous vous avons fait connaître la ville d'Aix; ainsi nous pouvons dormir sept ou huit heures sans remords.

> S'il est vrai que, suivant ses goûts,
> On rêve bon vin, bonne table,
> Bal, concert, jeux ou rendez-vous,

Bientôt un songe favorable
Va nous transporter près de vous.

Notre voyage de Marseille à Aix a cependant amené un incident très agréable, dont nous allons vous entretenir avant que d'invoquer Morphée et ses pavots.

Vous savez avec quel ravissement nous avons vu la mer. Nous avons voulu la voir encore, quand nous sommes arrivés à la Viste; nous lui devions un dernier hommage et un dernier adieu.

Nous avons fait arrêter la voiture, et nous sommes descendus. Nous regardions avec une sorte d'attendrissement cette immense irruption de la grande mer; nous pensions à ces villes, dont il ne reste pas même le nom. Un villageois, appuyé sur sa bêche, nous regardait à son tour avec étonnement. Il a compris la cause de l'espèce d'extase où il nous voyait, et il s'est approché de nous. Il nous a invités, en provençal, à le suivre. Une invitation se comprend toujours, en quelque langue qu'elle soit faite, parce que la physionomie et le geste parlent. Nous avons suivi celui qui nous offrait complaisamment de nous servir de guide.

Il nous a fait traverser des allées de pins, qui nous ont conduits à la partie supérieure d'une espèce de promontoire, qu'on ne voit pas de la grande route. A l'extrémité, sur la pointe d'une roche, d'où l'œil plonge dans l'immensité, nous avons trouvé quelques restes d'un ancien observatoire. Nous nous y sommes placés.

A Marseille et à Toulon, nous n'avions vu la mer qu'imparfaitement, parce que l'horizon est borné partout par quelques îles, par des langues de terre ou des chaînes de rochers. De notre observatoire, la mer s'est développée devant nous dans sa plus grande étendue. Nos yeux la découvraient par-dessus les masses même qui, les jours précédens, avaient été pour eux des barrières impénétrables. Notre premier mouvement a été tout entier à l'admiration; le second, au désir de prolonger une jouissance qui ne devait plus renaître pour quelques-uns de nous. Déjeûnons ici, déjeûnons ici, a dit l'un; déjeûnons ici, ont répété tous les autres.

Nous courons au modeste cabaret devant lequel la calèche est arrêtée. La cantine, le pain, le vin, une carafe d'eau sont enlevés en même temps, et l'observatoire est transformé en salle à manger. Nous prenons à peine le temps de couper nos morceaux. Toute notre attention, toutes nos sensations sont exclusivement au spectacle ravissant dont il est impossible de se lasser.

Là, le modeste bateau-pêcheur cherche

la place qu'il croit la meilleure pour tendre ses filets. Ici passent la goëlette, le vaisseau marchand, et l'importune patache de la douane. Ils semblent n'être là que pour animer, pour diversifier l'imposant tableau qui frappe nos regards. La nature et les hommes sont d'accord pour ajouter sans cesse à nos plaisirs.

La jeune demoiselle voit la fin d'un bal charmant; l'amateur du beau arrive au dénouement d'une comédie de Molière ou d'une tragédie de Racine. Il a fallu nous éloigner d'un spectacle bien supérieur à tous ceux dont nous avions joui jusqu'alors. L'homme est borné, et tout doit finir pour lui.

Cependant nous nous retournions souvent, et nous cherchions des échappées de mer à travers les branches de pins qui se croisent dans tous les sens. Nous sommes arrivés à un point d'où nous ne pouvions plus que la deviner, et nous l'avons saluée pour la dernière fois.

Nous voilà à Aix, et nous ne savons ce que nous y ferons demain. Nous ne sommes pas malheureux : peut-être nous arrivera-t-il quelque chose qui pourra vous intéresser ou vous plaire. Nous continuerons, Madame, à être fidèles à l'engagement que nous avons pris avec vous.

En effet, à neuf heures du matin, nous voyons entrer chez nous un jeune notaire qu'Augier a connu autrefois, et ce qui vaut bien autant, sa jolie petite femme. La fortune s'est plue à rassembler sur notre route tous ceux qui peuvent la rendre agréable. On nous invite, on nous presse, on nous enlève, on nous force à prendre notre part d'un copieux et élégant déjeûner : douce violence à laquelle nous nous prêtons volontiers.

Nous sablions les vins du Midi les plus délicats, quand nous avons vu paraître un enfant de l'harmonie, non de ceux qui vous écorchent les oreilles dans les cafés, pour la bagatelle de deux sous, mais le chef d'une famille où le talent de la musique est héréditaire.

Nous avions déjeûné en gastronomes, il a fallu nous résigner à dîner de même, à nos risques et périls. Les mules sont mises à la calèche et nous portent dans un joli coin de la Provence, éloigné d'Aix d'une petite lieue seulement.

Nous arrivons au Tholonet, qui réunit bien des choses faites pour attirer l'attention du voyageur. Nous descendons chez notre aimable guide; nous sommes reçus par une maman grande, belle encore, d'une gaîté, d'une amabilité, d'une franchise inépuisables. Six enfans, dont quatre demoiselles de la plus riche taille et d'une beauté séduisante, veulent bien se charger de rendre la journée charmante. Le soleil est dans toute sa force ; il faut attendre que la chaleur tombe, et l'aimable famille trouve les moyens les plus sûrs de nous empêcher de compter les heures.

Un piano, des violons, la musique des meilleurs compositeurs, forment une partie intéressante de l'ameublement du salon. On court aux instrumens et l'on choisit les plus brillans morceaux.

Un rigoriste a écrit

Que ce n'est qu'à Paris que se font les bons vers.

S'il eût été musicien, il eût ajouté que ce n'est qu'à Paris qu'on fait de bonne musique. Il se fût trompé doublement. La musique, qui plaît presque exclusivement à la charmante famille, est celle de Roux-Martin, frère de notre hôte, et compositeur du premier mérite. Il est encore peu connu à Paris. S'il y passait un an, il y prendrait le rang qui lui appartient, malgré les coteries et les cabales.

Mademoiselle Élisa chante, enchante. L'esprit de prétention n'est jamais entré dans ce salon-là : nos autres dames la remplacent au piano, et elles savent bien qu'elles ne l'effaceront pas. Un archet, manié avec habileté, avec grace, par un élève du célèbre Boucher, tire des sons mélodieux d'un violon de campagne. Au Tholonet on n'est difficile sur rien, et l'on fait tout pour l'intérêt commun.

Le soleil ne dardait plus que des rayons obliques sur les campagnes desséchées. On se lève, on prend ses chapeaux et l'on sort.

Les peuples qui vivent sous la ligne, ne voulaient autrefois, pour paradis, que des ombrages toujours frais. Leur pays ne produit pas d'arbres, et partout on veut avoir ce qu'on n'a pas, surtout ce qui est utile ou agréable. Ces dames nous ont conduits sur un vaste terrain, ombragé par des allées de platanes, à travers lesquels la chaleur ne pénètre jamais. Des eaux limpides, circulant autour de ces allées, vont jouer dans les prairies qui les bordent, et se perdent, après avoir donné à la roue d'un moulin le mouvement qui assure la subsistance des habitans du canton.

En suivant ces allées, nous sommes arrivés à un point que les Romains marquèrent du sceau de leur grandeur. Nous avons vu les restes d'un aqueduc qui portait l'eau d'une montagne à une autre qui en est peu éloignée. Les Vandales modernes ont coupé cet aqueduc du haut en bas, uniquement pour s'ouvrir un passage qui conduit à des rochers d'une triste stérilité. L'eau, qui suivait la route que les Romains lui avaient tracée, tombe à présent au bas de ces rochers, et ne sert plus qu'à humecter les pieds des platanes. Ainsi, de siècle en siècle, la surface de la terre change de forme et d'aspect.

Nous nous sommes engagés dans une gorge que forment deux chaînes de rochers, assez semblables à ceux que nous avons remarqués entre Cuges et Ollioules. Ils sont si rapprochés, qu'on ne peut avancer que par un sentier étroit et difficile, le long duquel s'écoule l'eau que portait l'aqueduc il y a deux mille ans. Ces masses sont composées de la pierre la plus dure ; c'est du granit et du marbre. Ce marbre, quand il a reçu le poli nécessaire, est d'un jaune qui tire sur le citron, et il est parsemé de petites taches rouges, noires et brunes, assez régulièrement placées pour faire penser à la marqueterie.

Selon l'usage de la campagne, la promenade s'est terminée par la partie des quatre coins. On est rentré et l'on s'est mis à table. Les oisifs s'y plaisent ; mais les amis des arts n'ont pas de temps à perdre. On retourne au salon ; la musique y reprend tous ses droits. Une conversation animée lui succède ; dix heures sonnent : il faut partir. On s'embrasse comme le font des frères et des sœurs qui s'aiment bien et qui se quittent pour long-temps. Nous allons rentrer à Aix, d'où nous partirons demain au point du jour.

Adieu, séjour de paix, et partant de bonheur,
   Où, dans l'âge de la folie,
   D'une vague mélancolie
Je venais invoquer la rêveuse douceur.
    Adieu, solitaire ombrage,

DANS LE MIDI.

<blockquote>
Où cent fois j'ai vu Léon [1]
Ravir au roi du bocage
Le sceptre de la chanson.
Adieu, prairie, où la plus belle
Des filles que créa l'amour,
Daigna pour moi cueillir un jour
Des fleurs, bien moins brillantes qu'elle.
Adieu : parmi vous si jamais
Un doux souvenir me ramène,
Puisse l'harmonieuse haleine
Du Zéphyre de ces bosquets,
Me redire ces chants si suaves, si frais,
Que Léon compose sans peine;
Et le cristal de la fontaine
D'Élisa retracer les traits !
</blockquote>

(1) Roux-Martin.

Orgon, Nimes, les 22, 23 et 24.

Nous vous avons parlé, Madame, du canal souterrain d'Orgon. C'est la seule chose qui mérite d'être vue, nous le pensions au moins. Ainsi nous sommes entrés dans la meilleure auberge et nous nous y sommes enfermés pour n'en sortir que demain matin. D'ailleurs la journée a été forte; celle de demain le sera plus encore. La vie que nous avons menée à Aix ne repose d'aucune manière. Il faut dormir, par toutes sortes de raisons.

Nous soupions. Une grosse réjouie, sœur d'un hospice dont nous n'avions pas encore entendu parler, se présente, sa tire-lire à la main. Elle demande pour les pauvres malades. Elle ressemble à la petite sœur Saint-Victor comme le grand Mogol à Ganimède; mais l'humanité se fait toujours entendre, quelque organe qu'elle emprunte. Nous déposons notre offrande dans la tirelire, et la grosse sœur paraît satisfaite.

Elle nous apprend qu'elles sont deux pour desservir un hôpital de quinze lits, destinés aux pauvres voyageurs. L'indigent fatigué ou malade y est admis et soigné jusqu'à ce qu'il puisse continuer sa route. On conserve exactement les noms de ceux qui ont gagné des batailles. On a oublié celui de l'ami des hommes. Ceux qui lui doivent le retour à la santé, ne pensent pas même à s'en informer.

« Les servantes d'auberge, nous dit la
« grosse sœur, font mal les lits; je me charge
« des vôtres : je veux que vous dormiez
« bien. » Elle dit un mot à l'hôtesse, elle rentre chez nous, et dans un tour de main, nos lits sont faits, bien faits, et la sœur se

retire en nous souhaitant une bonne nuit.

Une bonne nuit ! Son vœu n'a pas été exaucé. Des insectes dévorans, de plus d'une espèce sans doute, nous ont vivement attaqués ; un chien de basse-cour a aboyé à cinq ou six reprises différentes. Il a fallu renoncer au sommeil dont nous avions un si pressant besoin ! Quand on a le goût des voyages, on rencontre souvent des roses, mais elles ne sont jamais sans épines.

« Comment, disions-nous, avons-nous
« pu ne pas dormir dans des lits faits de la
« main d'une religieuse ? Cette main-là de-
« vrait avoir parsemé nos draps de pavots.
« Hé ! mon Dieu, la grêle ne dévaste-t-elle
« pas un champ sanctifié la veille par une
« procession ? La foudre n'écrase-t-elle pas
« une église ? Que dire de tout cela ? Rien.
« Partons. »

Nous nous sommes arrêtés dans un grand

village, nommé Saint-Rémy. Là, nous avons retrouvé les Romains; mais de quelle époque? Depuis cent ans les antiquaires disputent là-dessus, et il est vraisemblable que dans cent ans ils disputeront encore.

Quoi qu'il en soit, nous avons vu, à un quart de lieue du village, un arc de triomphe de la plus noble architecture. Il n'a qu'un portique, et il est ruiné dans sa partie supérieure. Sans doute il portait quelque inscription. Les antiquaires prétendent qu'elle devait avoir des rapports directs avec celle qu'on lit, ou qu'on croit lire, sur un cénotaphe élevé à très peu de distance de l'arc de triomphe. Vous savez, Madame, qu'un cénotaphe est un tombeau qui ne renferme pas les restes de celui ou de ceux à qui il est dédié.

Ce cénotaphe a environ soixante pieds de haut. Il est d'une architecture légère et élégante. Nous, qui ne sommes pas savans, nous avons lu tout bêtement: *Seximius parentibus suis*. Les érudits aiment à ergoter; ils sont tous d'accord sur le *parentibus suis*; mais ils ne s'entendent nullement sur le nom du fondateur. Chacun d'eux le décompose à sa manière, et suppose que ce nom ne présente que des initiales, qu'ils expliquent selon leur bon plaisir, ou le système qu'ils se sont fait.

Si les mânes de ceux à qui ce tombeau a été consacré viennent errer sur la coupole qui renferme leurs statues, elles doivent s'amuser beaucoup, en entendant nos petits modernes déraisonner avec un ton d'importance sur une inscription qu'ils n'expliqueront jamais.

Celles qui existaient sur l'arc de triomphe ont entièrement disparu.

Ces deux monumens, que l'on prétend

avoir été érigés en même temps, l'ont été à des époques très différentes. Veuillez croire, Madame, que nous n'avons pas eu la ridicule prétention de nous former une opinion à ce sujet. Celle que nous émettons nous a été communiquée par un architecte très habile ; et des preuves matérielles devraient imposer silence à tous les ergoteurs.

Cet architecte nous a fait remarquer que l'architecture des deux monumens diffère essentiellement. L'arc de triomphe a été élevé à une époque où cet art brillait à Rome dans toute sa pureté. L'architecture du cénotaphe annonce sa décadence et la transition du style pur et noble à celui qu'on nomme gothique. D'ailleurs, l'arc de triomphe, ainsi que nous l'avons dit, est dégradé dans sa partie supérieure, et le cénotaphe est parfaitement conservé. Il est donc du temps du bas-empire. Au reste, les hommes ont disputé et disputeront encore sur des objets qu'ils n'entendent pas davantage. Voilà, Madame, le but moral de notre bavardage scientifique.

Nous avons passé de ces monumens à un établissement sur lequel il n'y a pas deux opinions, parce qu'il est à peine terminé. Nos édifices n'ont pas la solidité de ceux des Romains; ainsi, il est vraisemblable que celui-ci sera anéanti avant que le temps ait altéré la tradition primitive.

Le docteur Mercurin vient de fonder un hospice en faveur de ceux dont le système cérébral éprouve des altérations. Tout y est grand et beau; les malades ont chacun leur chambre particulière dans de vastes corridors. Ces chambres, très proprement arrangées, sont tenues avec un soin remarquable.

Quatre vastes jardins, dont un offre une

vue magnifique, sont partagés entre les hommes et les femmes. Ceux dont la maladie est au même degré se promènent ensemble.

Une longue et belle salle de bains reçoit d'un rocher voisin une source abondante. Elle suffit à tous les besoins de la maison. Après plusieurs détours, elle alimente, dans la première cour, un jet d'eau qui forme une gerbe, composée de six tuyaux. Dans cette salle de bains est un buffet d'orgues. Pendant que les malades se baignent, on exécute sur cet instrument des morceaux propres à leur plaire, d'après le genre d'affection dont ils sont frappés. Les convalescens ont un billard et tous les jeux qu'ils peuvent désirer. Honneur et reconnaissance à M. Mercurin!

Ce médecin des maux de l'ame
Serait forcé bientôt d'agrandir sa maison.

Si l'on y conduisait, Madame,
Tous ceux qui près de vous ont perdu la raison.

Nous sommes arrivés à Taraseon, qui n'est séparée de Beaucaire que par le Rhône. On passe ce fleuve sur un pont de bateaux, qui nous a présenté un aspect nouveau pour nous. Ce pont est coupé dans son milieu par une digue en pierres de taille de la plus grande solidité. Des sites pittoresques s'offrent de toutes parts au voyageur et le forcent à s'arrêter sur cette digue.

Vous avez entendu parler, Madame, de la foire de Beaucaire, où se réunissent des marchands de toutes les nations. Elle se tient sous de longues et belles allées d'arbres, plantées sur le bord du Rhône; tout est vivant, trop vivant, pendant la durée de cette foire. Les hommes, les chevaux, les voitures encombrent les rues étroites de cette petite ville. Les logemens y sont à des prix fous, et le millionnaire fait des affaires dans un galetas, lorsqu'il n'est pas réduit à dormir dans sa voiture ou dans sa chaise de poste. Que de peines on se donne pour gagner de l'argent, dont souvent on n'a pas besoin !

Nous entrons dans Rome. Nîmes, que les anciens appelaient *Nemausus*, est, après la capitale du monde chrétien, la ville qui rassemble le plus grand nombre de ces monumens qui étonnent l'œil et commandent le respect. Quelle magnificence a déployée cette colonie romaine, dont nous avons parlé, sur tous les points du Comtat, de la Provence, du Languedoc, et surtout dans la ville de Nîmes ! Quelle multitude d'artistes le grand peuple a su créer et réunir ! Quels monceaux d'or il avait à sa disposition ! On sait que, pendant la paix, les

Romains employaient leurs soldats à des travaux d'utilité publique. Mais ces légions ne pouvaient qu'ouvrir le sein de la terre et en extraire les matériaux encore grossiers. Elles ne pouvaient ni tailler la pierre, ni la placer, ni la sculpter. Ces ouvrages immenses ne s'élevaient qu'avec de l'or, et malheureusement c'était celui des peuples vaincus.

Il est naturel de parler d'abord des portes par où l'on entre dans une ville célèbre. Les Romains en avaient construit dix; il n'en reste aujourd'hui que celles d'Auguste et de France. On découvrit la première en 1793, en démolissant un château gothique situé où est aujourd'hui la place dite des Carmes. Cette porte fut élevée l'an de Rome 736, et seize ans avant notre ère vulgaire. Il n'y a qu'une opinion sur l'inscription qu'on a retrouvée entière. La porte *cooperta*, couverte, nommée aujourd'hui porte de France, est d'une architecture moins noble que celle d'Auguste : l'une et l'autre étaient flanquées de deux tours rondes, destinées à la défense de la ville.

Le premier monument qui frappe les yeux dans Nîmes, par son étendue et son genre de structure, est l'amphithéâtre, qu'on appelle, nous ne savons pourquoi, les Arènes. L'arène où se donnaient les spectacles est dans le centre de l'édifice : elle n'est qu'une partie du grand tout, et ne devait, à aucun égard, lui donner son nom.

Le pourtour de cet amphithéâtre, de forme elliptique, est de cent quatre-vingt-dix toises. Il a soixante-six pieds d'élévation du bas des colonnes à l'attique, qui en forme le couronnement. Au rez-de-chaussée sont soixante arcades, par lesquelles on entrait dans l'intérieur, et qui permettaient aux spectateurs de sortir sans être foulés, sans même se gêner mutuellement. Ils pouvaient être placés commodément au nombre de dix-sept ou dix-huit mille.

L'étage supérieur est composé d'un pareil nombre d'arcades, en lignes perpendiculaires à celles du bas. Elles avaient un appui qui faisait la sûreté de ceux qui se promenaient sous ces vastes portiques. Ils étaient, en grand, ce que sont les corridors étranglés de nos petites salles de spectacles.

L'arène est entourée de gradins en pierre, qui règnent du bas en haut et qui sont presque tous conservés.

C'est là, c'est au milieu d'une sanglante fête,
Qu'étalant leurs attraits, de pourpre et d'or couverts,
D'orgueilleuses beautés des rois de l'univers
Venaient se disputer la brillante conquête.
 Captiver un jeune héros,
 Quel triomphe pour une belle !
On l'agace de l'œil, du souris on l'appelle ;

On ne rêve qu'amour... Cependant à longs flots
    Dans l'arène le sang ruisselle :
De plaisir et d'horreur mélange révoltant !
Sexe doux et timide, est-ce là votre place ?
J'ai vu couler vos pleurs pour un oiseau souffrant ;
    Et vous souriez à la grace
    Du gladiateur expirant !

Le gladiateur était honoré et gorgé d'or pendant sa vie. La manière dont il rendait le dernier soupir lui faisait une réputation honorable ou infâme. Les noms de quelques-uns d'entre eux se sont conservés jusqu'à la chute de l'empire. Du moment où le gladiateur devint un personnage, il n'y eut plus à Rome ni vertus, ni mœurs; ou plutôt, ce fut de l'anéantissement des unes et des autres que naquit la considération qu'on accorda à des histrions de tous les genres.

Il fut un temps où les habitans de Nîmes faisaient très peu de cas des monumens antiques qu'ils possédaient. Des débris même de l'amphithéâtre ils bâtirent des maisons dans l'arène, sur les gradins et sous les arcades. On vit une petite ville élevée dans la grande et qui avait deux mille habitans. En 1809, on fit disparaître ces marques de la barbarie moderne, et on déblaya l'intérieur de l'amphithéâtre. En 1822, on commença à le restaurer, et ce grand travail n'est pas encore terminé.

On passe de ce beau monument à celui que l'ineptie a nommé *Maison carrée*. Ce qui en reste formait le sanctuaire d'un temple magnifique, dont la consécration première est tout-à-fait ignorée aujourd'hui. Il a été depuis dédié à Caïus et à Lucius, fils adoptifs d'Auguste, et princes de la jeunesse. L'un était consul et l'autre consul désigné.

Ce sanctuaire forme un carré long de huit toises de profondeur et de six de façade ; son élévation est égale à sa largeur. Il est orné au dehors de trente colonnes bien conservées. On y entre par un vestibule ouvert de trois côtés. Les murs, qui ferment le sanctuaire, sont de très belles pierres blanches. Le tout est supporté par un soubassement de cinq pieds d'élévation. On y monte par un perron de douze marches qui ont chacune un pied de profondeur.

Les degrés de tous les escaliers antiques, que nous avons vus à Nîmes, sont d'une hauteur telle que les modernes ne les montent qu'avec peine, et sous les Césars les moindres commodités de la vie étaient autant de choses importantes. En doit-on conclure que depuis deux mille ans l'espèce humaine ait dégénéré, au physique du moins?

Le soubassement entier de ce sanctuaire était enseveli sous des décombres et des immondices ; par conséquent le perron n'offrait plus qu'une pente douce qui montait jusqu'aux piédestaux des colonnes. Les chrétiens entraient dans ce sanctuaire, transformé en chapelle, sans se douter qu'ils foulaient aux pieds les débris d'un temple du paganisme. Plus tard un gouverneur du Languedoc imagina d'en faire une écurie. Malgré ces actes de vandalisme, ce monument n'a presque rien perdu de sa perfection.

Pendant qu'on déblayait l'intérieur de l'amphithéâtre, on faisait des fouilles autour de ce sanctuaire. On fut surpris de trouver un soubassement ruiné, qui donnait à ce monument une élévation et une majesté qu'aucun antiquaire n'avait soupçonnées.

Ce premier succès était encourageant. Il détermina à faire de nouvelles recherches. On découvrit toutes les bases d'une superbe colonnade qui entourait le sanctuaire et qui formait le temple proprement dit.

Ce qui restait donna aux architectes des connaissances positives sur l'élévation de ce second monument. Le compas, le crayon, le pinceau l'ont reproduit à l'œil étonné de l'amateur. Il a fallu recouvrir de terre ces bases, auxquelles on ne pouvait rendre leur première destination. On a refait à neuf le soubassement du sanctuaire. On a rétabli les degrés qui y conduisent. Il en restait deux, aussi anciens que le sanctuaire même. On a construit les nouveaux sur les mêmes proportions.

Plus loin, à gauche, sont les ruines d'un autre temple, qu'on croit avoir été consacré à Diane. Il est dans un état de délabrement complet. Ce qu'il en reste a suffi aux artistes pour le rétablir sur le papier. Cependant le voyageur s'éloigne de ces ruines qui l'attristent et lui prouvent le néant des grandeurs humaines.

Du pied du temple de Diane on découvre la tour *Magne*, *turris magna*. Elle fut un des beaux monumens de Nîmes. Presque tous les auteurs prétendent qu'elle était une des quatre-vingt-dix tours qui défendaient l'ancienne enceinte de Nîmes. Cette opinion n'est pas soutenable. La tour Magne était d'une architecture tout-à-fait monumentale, et par conséquent ne ressemble en rien à celles qui n'étaient destinées qu'à recevoir des soldats et des armes. La solidité faisait le seul mérite de ces dernières : d'ailleurs on a retrouvé l'enceinte de la ville, et il est constant que la tour Magne était dans l'intérieur.

Il a fallu abandonner d'anciennes conjectures pour en former de nouvelles. Une vieille tradition parle d'une petite mer qui existait auprès de Nîmes. On s'est appuyé sur cette opinion pour faire de la tour Magne un phare qui, la nuit, servait de guide aux vaisseaux. C'était substituer une erreur à une autre. La tour Magne, située sur la cime de la roche, était très propre à cette destination ; mais il fallait une mer dans les environs et il n'y en eut jamais. Si elle eût existé, les bas-reliefs de la tour présenteraient des objets nautiques, et l'on n'en trouve aucun. D'ailleurs le siècle d'Auguste n'est pas assez éloigné de nous, pour que la connaissance de quelque grande catastrophe ne nous fût parvenue ; et un tremblement de terre épouvantable eût pu seul faire disparaître cette mer.

Il est vrai qu'on voit encore, dans les environs de Nîmes, des lagunes dont les eaux croupissantes donnent la fièvre et produisent des millions de cousins qui se répandent partout. Mais ces eaux ne peuvent être que l'effet de quelque grand débordement du Rhône : elles eussent disparu avec cette mer dont on prétend qu'elles sont les restes.

Une opinion raisonnable s'est enfin formée sur la tour Magne. Elle donnait des signaux ; c'était un télégraphe qui correspondait à une tour, dont on voit encore des restes sur la direction d'Arles. Cette dernière tour répétait les signaux et les transmettait dans cette ville.

La promenade, dite de la Fontaine, a pris son nom d'une source abondante qui s'échappe du bas de la roche au haut de laquelle est située la tour Magne. Elle fournissait de l'eau à des bains antiques, qu'on nomme encore bains d'Auguste. Un quadruple rang de petites colonnes, entre lesquelles étaient placées des baignoires en marbre blanc, existe encore. Elles supportent aujourd'hui une terrasse d'une vaste étendue. L'eau s'échappe avec force de ce premier réservoir, et suit une route angulaire, renfermée entre deux murailles modernes, faites en belles pierres de taille, élevées seulement à hauteur d'appui. Ces eaux magnifiques coulent avec rapidité, et produisent plusieurs cascades qui plaisent parce que l'art est caché. Elles parcourent, en plusieurs sens, l'étendue d'un très grand jardin, très bien entretenu. Il est, après celui de Marseille, le plus beau que nous ayons vu.

Deux monumens modernes fixent à Nîmes l'attention du voyageur; le palais de justice et l'hôpital. On les doit au talent très distingué de M. Durand.

En creusant les fondemens du palais de justice, on en trouva d'autres d'une épaisseur prodigieuse. On en tira des aigles en marbre de la plus grande beauté, des colonnes, des corniches, et beaucoup d'inscriptions. Ces dernières semblent prouver que ces débris précieux servaient d'ornemens à un palais que fit élever Adrien en l'honneur de Plotine, sa mère adoptive, et veuve de Trajan.

On ne peut fouiller le terrain, à Nîmes, et dans les environs de cette ville, sans trouver des morceaux de sculpture plus ou moins précieux, des mosaïques, des vases, et même des tombeaux. Comment la terre a-t-elle couvert ces débris à plusieurs pieds d'élévation? Nous le répétons, le terrain des villes doit s'exhausser peu à peu par la quantité de choses qu'on y apporte continuellement, et dont beaucoup ne sortent plus; par le sable qu'on jette sous le pavé des rues, toutes les fois qu'on le répare, et par d'autres causes accidentelles. Mais les champs? Il faut revenir au déboisement des montagnes, et convenir qu'elles s'éboulent sans cesse dans les vallées qui sont à leur proximité.

Les rues et les promenades qui entourent aujourd'hui la vieille ville de Nîmes, sont spacieuses et belles. La ville proprement dite ne mérite pas qu'on y entre. Autant les habitans ont dédaigné leurs antiquités, autant ils y attachent d'importance aujourd'hui. La raison en est simple. Ces monumens attirent, sans interruption, une foule d'étrangers, qui laissent leur argent aux Nîmois.

Voilà, Madame, des détails bien longs, bien secs, bien arides. Ils doivent vous fatiguer, parce que vous n'avez pas d'idée des sensations que ces grands objets font naître. Une description exacte du Palais-Royal de Paris vous eût intéressée davantage : tout ce qu'il renferme est connu de vous, et la plupart de ces brillans colifichets sont à votre usage. Cependant, comment passer par Nîmes, et n'en point parler ? Nous invoquons votre indulgence et votre raison, cette raison qui se pare d'un charme irrésistible quand votre bouche en est l'organe.

Bagnols et Viviers, les 25, 26, 27 et 28 septembre.

Nous allons chercher du repos. Une activité prolongée le rend nécessaire et doux. Nous allons oublier nos fatigues dans les bras de bons parens, ou de bons amis. Nous partons pour Bagnols.

En faisant des projets de paresseux, nous arrivons à cet aqueduc, le plus étonnant qu'aient élevé les Romains. L'ignorance des derniers âges en a fait un pont, et l'a nommé le pont du Gard, parce que la rivière du Gardon passe sous une des arches, qui a treize toises d'ouverture. L'aqueduc principal unit deux montagnes, qui ne sont éloignées l'une de l'autre que de quatre-vingt-trois toises. Il se compose de six arches en tout dans le bas; mais la profondeur du terrain sur lequel coule la rivière, a forcé le constructeur à donner trois étages à cet édifice.

Trois rangs d'arcades, à plein centre, sont élevés les uns sur les autres. Elles portent sur des piles, dont chacune a trois toises de largeur. Les deux montagnes s'éloignent de leur base, à mesure qu'elles s'élèvent; et par cette raison le premier étage se compose de onze arches, et le second en a trente-cinq. L'ouverture de ces arches diminue d'étage en étage.

Ce monument est d'un effet prodigieux. Le voyageur ordinaire regarde et admire. Des observateurs tels que nous ne pouvaient s'éloigner sans savoir d'où et comment l'eau arrivait à cet aqueduc.

Il recevait celles des fontaines d'Airan et d'Eure. La première est à quatre lieues et demie de Nîmes, et la seconde à quatre. Il a fallu, pour donner à leurs eaux la pente nécessaire, construire d'autres aqueducs sur un espace de sept lieues. Nous en avons vu les débris.

Quelle vaste conception! Quels travaux immenses il fallut faire pour donner de l'eau à la partie de Nîmes qui en manquait, et qui en manque aujourd'hui! Voilà ce qui frappe l'imagination, beaucoup plus que la partie, dite pont du Gard, prise isolément.

La rivière du Gardon est sujette à des crues d'eau très fortes, et depuis long-temps le public sollicite l'érection d'un pont à l'endroit même où est l'aqueduc. C'était reconnaître que la dénomination sous laquelle il est connu, depuis des siècles, est fausse et ridicule.

Les états de Languedoc se rendirent au

vœu général. Un pont, en pierre, fut bâti et adossé aux arches d'en bas de l'aqueduc. Cet ouvrage fut commencé en 1743, et terminé en 1747.

Respirons tous ensemble, Madame. Nous voilà sortis de Rome pour n'y plus rentrer. Nous vous avouons confidentiellement que nous en étions aussi fatigués que vous. L'admiration n'est qu'une secousse de l'ame: elle devient pénible, ou cesse entièrement quand elle est trop prolongée. Il faudrait, pour bien jouir de toutes ces belles choses-là, n'en voir qu'une par an.

Nous avons été coucher à Bagnols, et nous y avons passé un jour plein : la plus franche cordialité nous y a retenus. Une bonne table, de bons lits, une société aimable, des manières engageantes convenaient beaucoup à des gens enchantés d'être redevenus modernes.

Cependant, il n'est pas, dit-on, de beaux jours sans nuages. Des bruits sinistres ont commencé à circuler dans Bagnols le jour de notre arrivée. Le commissaire général du bagne de Toulon nous avait assurés qu'aucun projet d'évasion n'avait complètement réussi. Cela peut être vrai ; mais il y a commencement à tout. Cinq forçats, plus adroits que les autres, se sont échappés. Nés à Bagnols ou dans les environs, ils viennent troubler le repos de leurs compatriotes. Il est difficile à des gens dénués de tout et qui ont faim de ne pas voler. Ceux-ci s'arrangent de manière à ne manquer de rien. Ils ne peuvent guerroyer que la nuit, et ils ont choisi les environs de Bagnols pour le théâtre de leurs exploits, parce qu'ils connaissent parfaitement le pays.

Ils ont essayé de s'introduire chez une dame qui demeure aux portes de la ville, et qui n'a qu'un domestique. La dame a eu peur, c'est tout simple. Heureusement pour elle, son domestique a du courage et de la présence d'esprit pour deux : « Antoine, Pierre, Auguste, a-t-il crié aussi fort qu'il l'a pu, prenez vos fusils, et tenez-vous, chacun à une croisée, prêts à faire feu quand je vous le dirai. » Les forçats n'ont pas encore volé d'argent, ainsi ils n'ont pas d'armes. Ils ont jugé à propos de se retirer, et ils sont allé souper et dormir dans le vignoble de la dame.

La nuit suivante, ils se sont présentés devant une seconde habitation. D'autres voleurs, descendus de la montagne, les avaient précédés : cinq ou six loups se sont trouvés face à face avec eux. On a commencé par s'observer, comme c'est l'usage; la peur s'est emparée des deux troupes, elles ont battu en retraite :

Corsaires attaquant corsaires
Ne font pas, dit-on, leurs affaires.

Hommes toujours imprévoyans, vous faites la chasse aux loups, et voilà qu'ils viennent de sauver une famille. Allons, soyez reconnaissans, abandonnez-leur, de temps en temps, une poule, un agneau, un vieil âne hors de service; ne faut-il pas que tout le monde vive?

Vous êtes très difficile, Madame, sur les vraisemblances, et vous allez nous demander d'où nous viennent ces détails. Nous les tenons du fermier lui-même, qui a tout vu au clair de lune ; oui, Madame, au clair de lune. Ouvrez votre almanach, et vous y verrez que dans la nuit du 25 au 26 la lune s'est levée à onze heures du soir pour se coucher à midi, c'est-à-dire long-temps après que sa lumière a été inutile. Il est certain cependant qu'elle n'est là-haut que pour nous éclairer et nous réjouir la vue. Ne vaudrait-il pas mieux qu'elle se levât quand le soleil se couche, et qu'elle se couchât quand il se léve?

Bagnols a donné le jour à M. le comte de Rivarol, fils d'un honnête aubergiste de cette ville. Ses écrits pétillent d'esprit et de malice. Il avait assez de talent pour n'avoir pas besoin de se faire comte.

La famille des Gensoul est l'une des plus recommandables de ce canton. Justin s'est fait à Paris, par ses œuvres dramatiques, une réputation méritée. Ferdinand est un mécanicien plein de génie : il a inventé des machines d'une utilité reconnue, et il a diminué les frottemens dans certaines de celles qui existaient déjà. Le troisième, celui qui nous a reçus, joint à l'esprit de société le plus aimable, celui d'arrondir sa fortune, dont il fait le plus noble usage. Le quatrième s'est fait gentilhomme.

C'est encore à Bagnols qu'est né M. Teste, l'orateur le plus remarquable peut-être de nos jours, et que la France doit envier à la Belgique où l'ont poussé les événemens de 1815. Son frère, lieutenant-général des armées du Roi, mérite une place distinguée dans les fastes de notre gloire.

En sortant d'une maison très agréable sous tous les rapports, nous sommes tombés dans une autre du même genre. Depuis long-temps nous avions entendu parler du Saint-Esprit, et on nous a annoncé que nous allions le voir. Il nous semblait que les maisons de cette ville devaient être diaphanes, et que les femmes devaient y avoir quelque chose de vaporeux, d'aérien; pas du tout, les habitations sont faites avec de bonnes pierres bien opaques, et les femmes y sont très palpables. Nous avons adressé la parole à deux de ces dames, et nous avons conclu, de leurs réponses qu'elles ne sont pas inspirées par le Saint-Esprit ; il n'est pas impossible que d'autres le soient.

La petite ville du Saint-Esprit est une forteresse gardée par des Suisses, qui ne sont pas peints sur les portes, comme celui de Notre-Dame-de-la-Garde ; ce sont des Suisses bien vivans et bien conditionnés. Ils s'engraissent paisiblement, en attendant le moment de se servir de leurs fusils avec la bravoure qu'on leur connaît.

Le pont Saint-Esprit commence immédiatement où finissent les fortifications de la ville. Il a trente-six arches de différentes dimensions ; il est donc le plus long de tous les ponts en pierre qui existent. En effet, il faut un quart d'heure pour le traverser. Il a un défaut qu'on eût pu, à ce que nous croyons, éviter facilement : il est trop étroit.

La dernière partie de ce pont, qui conduit à la route de Viviers, forme un angle d'une ouverture très remarquable avec la partie qui la précède. Les amans de la vieille Rome n'ont pas manqué de dire que les Français n'ont pu vaincre la rapidité du Rhône sur toute sa largeur. Nous avons regardé avec attention et nous avons reconnu que ce fleuve n'est pas plus difficile à dompter sur ce point que sur les autres. Nous n'avons pas ici de *Cicerone*, et il faut cependant, Madame, vous dire quelque chose sur le motif qui a pu déterminer à donner une direction oblique à l'extrémité de ce pont. Nous croyons que le terrain, qui suit la ligne droite, n'a pas paru assez solide pour recevoir des fondations, qui bientôt eussent joué sur elles-mêmes. Nous vous répétons ce que nous avons dit dans une autre occurrence : Vous ferez de cette opinion le cas qu'elle vous paraîtra mériter.

Nous sommes entrés à Viviers qui, pour ce jour-là, était le but de notre voyage. C'est la ville la plus mesquine, la plus laide qu'on ait vue, qu'on puisse même imaginer. L'amitié en a fait un petit Marseille.

Lorsque Henri IV jugea nécessaire d'adopter les opinions de l'église de Rome, on planta un ormeau sur la partie la plus élevée de la ville. Cet arbre est devenu d'une grandeur presque prodigieuse. Planté en 1593, il a aujourd'hui deux cent trente-trois ans. Henri IV, Louis XIII, Louis XIV, Louis XV, Louis XVI, Louis XVIII, ont pu se reposer à l'ombre de cet orme, qui appartient à la dynastie des Bourbons. Que d'événemens se sont pressés, du jour de sa plantation à la fin de l'année 1826! Que de générations ont commencé et se sont éteintes! Tout a disparu; l'arbre est resté debout. Des révolutionnaires, des hommes qui prenaient la licence pour la liberté, et les excès pour du patriotisme, essayèrent de porter la hache sur cet arbre que les siècles avaient respecté. M. Fournery, alors maire de Viviers, l'a garanti de leur fureur aveugle. C'est le seul souvenir, j'allais dire le seul monument, qu'on trouve dans cette ville.

Nous étions chez les enfans de cet administrateur aussi ferme qu'éclairé. Nous sommes allés, le lendemain, le visiter à sa terre, située à une demi-lieue de Viviers. Toute sa famille s'y est réunie, et chacun de ses membres paraissait s'occuper exclusivement de nous rendre ce séjour agréable.

L'habitation est adossée à une vieille tour, seul reste d'un château gothique. Elle a donné son nom à la terre. M. Fournery l'a fait réparer et lui a rendu sa solidité première. Elle a trois étages voûtés. Cette tour, d'où les sbires du seigneur menaçaient l'habitant asservi et craintif, sert aujourd'hui à retirer les moissons, filles de la paix et de l'industrie.

Nous avons trouvé peu d'ombrage, de Toulon à Viviers. Ici, des plantations serrées et vigoureuses sont coupées par des vergers et des jardins en plein rapport. La nature répond aux soins du cultivateur en lui prodiguant ses richesses.

Le Rhône forme, à l'extrémité de ces jardins, une anse d'un certain enfoncement. Ses bords sont garnis des deux côtés de saules et de peupliers; ils invitent à se reposer sur le bord d'une eau toujours limpide, parce que le fleuve la renouvelle sans cesse. Elle ajoute aux plaisirs du propriétaire et à la somptuosité de sa table.

La famille patriarchale, mais très gaie, dîne à midi, comme au temps de Louis XIV. Vous savez, Madame, que Boileau, peignant un détestable repas, a dit :

J'y cours, midi sonnant, au sortir de la messe.

Le nôtre fut excellent ; mais quand on dîne à midi, on est libre à deux heures. Une nacelle nous attendait au bas des jardins, et on nous a invités à nous embarquer. Un long filet est roulé sur la poupe du petit bâtiment. Un des bouts est attaché à terre. Le signal est donné, nous voguons. Notre embarcation décrit un demi-cercle ; le filet se déroule et nous débarquons à cent pas du point de départ. On saute à terre ; on saisit les deux extrémités du filet ; on le tire en se rapprochant. Les hommes ont des bottes et les dames ne s'aperçoivent pas qu'elles mouillent le petit soulier gris ou nanquin. Le filet est à terre ; on le porte sur le gazon, et on grille de voir ce qu'il recéle.

Pourquoi les jolies femmes sont-elles plus pressées de jouir que les autres? Toujours un peu adulées, ne se persuadent-elles pas qu'elles ne doivent jamais rencontrer d'obstacles? La jeune Madame Fournery a remarqué un mouvement très prononcé au centre du filet. Elle s'élance, elle se précipite. Ses jolies mains ont saisi une anguille qu'elles peuvent à peine embrasser. Quelle anguille! quelle anguille! Mais, ô douleur! le reptile onctueux glisse entre les doigts effilés; il s'échappe, il rampe, il bondit sur l'herbe. On le poursuit; on est vingt fois au moment de le saisir; on se gêne, on s'embarrasse mutuellement. Les dames, sous les robes desquelles il passe, frissonnent, poussent des cris, sautent en avant, en arrière; le désordre est dans la petite troupe. L'anguille en profite, et en deux bonds elle a regagné sa demeure humide.

Vous sentez, Madame, quelles mines nous avions tous. Mais que dire à une femme charmante? Ce n'est rien, ce n'est rien, s'écrie-t-elle, recommençons. On n'avait pas le courage de refuser celle qu'on n'avait pas eu la force de gronder. On se rembarque; le filet est replacé; la même opération se répète. Oh! cette fois on sent, en tirant les cordes, des mouvemens violens, convulsifs. La charmante Ursule court. Son mari, le seul qui puisse prendre sur lui de l'arrêter, se place entre elle et le filet. Un monstre... Mais hélas! nous n'avons fait que l'entrevoir! Un énorme brochet a coupé vingt, trente mailles, et il est chez lui au moment où on commence à disputer sur la sauce à laquelle on le mettra. Le filet est hors d'état de servir : il faut renoncer à la pêche.

Destinés à trouver partout d'excellens amis, nous l'étions aussi à éprouver tous les jours de nouveaux regrets. On nous attend à Mondragon, à Orange. Nous sommes dans la calèche et nos mules nous entraînent.

Nous avons passé les derniers jours du mois en vrais épicuriens, en vrais enfans gâtés. La table, de bons lits nous ont rendu des forces nouvelles, et nous allons encore courir les aventures.

Nous marchons vers une nouvelle Rome. Rassurez-vous, Madame, ce n'est ni celle d'Orange, ni celle de Nîmes. Nous ne verrons ni temples, ni amphithéâtres à Caderousse. Ces monumens, veufs d'une grande nation, sont privés de vie et d'activité. A Caderousse tout est action. Les jeux se succèdent avec rapidité. Petite ville, petits jeux, il faut en convenir ; mais

Mieux vaut goujat debout qu'empereur enterré.

Les habitans de Caderousse se croient les émules des Romains. Nous craignons beaucoup qu'ils n'en soient que la caricature. C'est ce que nous verrons demain.

Caderousse, le 1ᵉʳ octobre.

CADEROUSSE ressemble beaucoup à la Cléanthis de Regnard, qui n'était ni fille, ni femme, ni veuve. Les habitans ne veulent pas que ce soit un village, ni même un bourg; les étrangers ne conviennent pas que ce soit une ville. Ils y accourent cependant le premier dimanche d'octobre. Il y a toujours foule où on croit trouver du plaisir.

Saint Michel est le patron du lieu. Il est, vous le savez, Madame, le guerrier par excellence, et les Caderoussains ont institué en son honneur une fête annuelle. Là, ils s'efforcent de rappeler quelque chose des victoires de l'archange sur le prince des ténèbres. Cette fête est connue sous le nom de *vogue* ou *vote*, qu'on traduit en français par le mot *fête votive*.

A Rome, les trompettes, les clairons annonçaient l'ouverture des jeux; ici, un tambour et un fifre suffisent, puisqu'on les entend des quatre coins du village, du bourg ou de la ville. A Rome, cinquante mille individus garnissaient les gradins de l'amphithéâtre; ici, quinze cents personnes vont s'asseoir sur le talus d'une digue qui sert à contenir nous ne savons quelles eaux. Les plus ambitieux, ou ceux qui n'aiment pas à être foulés, vont se jucher sur les parties de remparts délabrés que le temps a laissés debout. A Rome, les édiles donnaient le signal et distribuaient les prix ; ici, c'est Monsieur le maire ou Monsieur son adjoint qui est chargé de cette honorable mission. A Rome, les édiles avaient leurs places marquées sur les gradins; ainsi Monsieur le maire de Caderousse doit avoir la sienne.

Dans la prairie, qui tient lieu d'arènes, ce magistrat a fait tracer une enceinte, d'où il fixe tous les regards jusqu'à ce que les jeux attirent l'attention générale. Alors cependant les amateurs du beau sexe, et il y en a dans Caderousse comme il y en avait à Rome, oublient quelquefois les combattans pour regarder les belles dames, qui forment une espèce de cour à Monsieur le maire :

Il en est jusqu'à trois que *nous pourrions* citer.

Autrefois les jeux *Michéliens* s'ouvraient par deux femmes. On leur mettait sur la tête un seau plein d'eau. Celle qui en avait répandu le moins, après avoir traversé la prairie, obtenait le prix. A ces dames succédaient des hommes, enfermés dans des sacs, de la tête aux pieds. Il ne s'agissait de rien moins que d'arriver, en sautant, au but indiqué. Ces deux exercices ont paru trop peu romains aux fins connaisseurs, et ils sont supprimés.

A Rome, on voyait dans les cirques des courses d'hommes et de chars. A Caderousse, une vingtaine de coureurs ouvrent le spectacle dans un chaume voisin de la prairie, trop borné pour suffire à ce combat d'émulation. A Rome, les rivaux étaient costumés d'une manière uniforme. Ici, une diversité marquée plaît à l'œil. L'un a un pantalon bleu; l'autre en a un rouge. Nous avons remarqué que l'homme au pantalon bleu avait une pièce blanche à chacun de ses genoux, ce qui produisait un effet fort agréable. Ceux qui ont des souliers trop pesans ou trop étroits, peuvent les quitter, et ils ont, sur leurs adversaires, le mérite de la résignation. Ils courent, pieds nus, sur le chaume, et des picotemens continuels font sur eux l'effet de l'éperon sur un cheval usé. Cependant le prix n'a pas été la compensation de cette douleur passagère. Il a été remporté par un homme, très solidement chaussé, qu'on a applaudi avec transport. En effet, il eût couru comme l'amant d'Atalante, si ses pieds eussent été dégagés d'un poids de cinq à six livres. Il s'est avancé d'un air triomphant jusqu'au fauteuil de M. le maire. Il a reçu, de sa propre main, une écharpe de soie couleur tendre, qui va devenir un titre de famille. Elle sera suspendue au plancher de la cuisine, de la salle à manger et du salon. Elle y restera jusqu'à ce que la fumée l'ait noircie; alors on en fera des bonnets à Madame et à Mesdemoiselles: les femmes de Caderousse aiment beaucoup les bonnets noirs.

La bonté compatissante des maires a consacré aux estropiés une partie des jeux *Michéliens*. Tout le monde sait que, lorsque nous perdons un de nos membres doubles, l'autre s'enrichit de la substance qui eût été commune à tous deux : ainsi les boiteux doivent avoir un jarret d'acier élastique. Il s'agit ici de franchir en trois sauts, et sur un pied, le plus long intervalle possible. On admet au concours ceux qui ont deux jambes à leur disposition; mais qu'ils sont petits auprès d'un boiteux! celui qui a remporté le prix, a la hanche et la rotule du genou gauche ankilosées. Mais comme il saute du côté droit! Tudieu, quel sauteur! M. le maire lui a présenté une tasse d'argent, d'un air tout-à-fait gracieux; sa femme est venue essuyer la sueur honorable qui ruisselait de son front; elle l'a conduit vers le talus, paré de beautés de tous les âges et de toutes les conditions. Il s'est endormi au milieu d'un groupe de jouvencelles, pleines d'admiration pour son côté droit; elles ont même exprimé quelques regrets sur ce qu'il n'est pas au grand complet; voyez ce que c'est que l'instinct! un pied de plus, une figure noble, et notre boiteux eût été un Hercule.

Il faut avouer qu'ici tout l'avantage est pour les Caderoussains. Les Romains n'ont jamais eu l'idée de faire figurer des boiteux dans leurs jeux publics, mais ils n'avaient pas d'archanges à fêter, et ils ne connaissaient pas la charité chrétienne.

Un outre, qui n'est pas celui dans lequel Éole renfermait les vents, quand Neptune agitait son trident et prononçait le redoutable *quos ego!....* un outre fait avec la peau d'un bouc, né à Caderousse, et sacrifié sans pitié à Saint-Michel, par ses compatriotes, cet outre, gonflé par le soufflet du maréchal, et dont les coutures étaient hermétiquement fermées avec de la poix, est apporté au milieu de la prairie. Il roule au moindre contact ; il faut sauter dessus, à pieds joints, et y garder l'équilibre assez de secondes pour pouvoir frapper trois fois des mains. Vous sentez, Madame, que les boiteux n'ont point l'ambition de se montrer ici.

Le premier qui se présente est un jeune homme de la plus jolie figure, et tous les vœux sont pour lui : la jeunesse, parée de formes agréables, inspire toujours de l'intérêt. Il regarde l'outre et ses yeux se portent ensuite sur le talus ; ils paraissent dire à quelque vierge intéressante comme lui : c'est pour toi seule que je désire gagner le prix.

Il s'élance ; il reste debout sur l'outre. Déjà il a frappé une fois des mains..... La machine vacillante s'échappe de dessous ses pieds; il tombe, et il tombe sur le nez; son sang rougit l'herbe verdoyante, et un cri part du milieu du talus. Une jeune fille, presque aussi jolie que la sœur Saint-Victor, s'échappe, accourt; elle tire un petit flacon de la poche de son tablier de taffetas gorge-pigeon; elle mouille le coin d'un mouchoir blanc comme la neige, et elle étanche le sang. Le secret de son cœur est dévoilé; on le soupçonnait déjà. Sa mère arrive lentement; elle répare l'imprudence de sa fille; elle embrasse le jeune homme en le nommant son gendre; des applaudissemens répétés consacrent l'union de ces jeunes gens. Le prix leur échappera-t-il?

Ceux qui succèdent à Charles tombent et roulent de vingt manières différentes. Le tour du beau jeune homme est revenu. Il adresse à Rosette un regard d'amour et de reconnaissance ; il saute, il est d'aplomb sur une seule jambe ; il porte l'autre en arrière ; il avance les bras, et se dessine avec une grace toute particulière. Il frappe quatre fois des mains ; il s'élance ; il chasse l'outre d'un coup de pied, et va, avec modestie, recevoir une écharpe verte. Il la passe sur une épaule de Rosette, il la noue sur le côté opposé : c'était parer de feuilles un bouton de rose nu encore. Toute cette scène a été couverte d'applaudissemens.

Les envieux, et il y en a partout, ont prétendu que l'amour était venu caler le ballon. Hé ! quand cela serait, messieurs, ne doit-il rien à ceux qui sont fidèles à son culte ?

Rome avait ses lutteurs ; Caderousse a les siens. Ici la comparaison est exacte ; un Romain et un Caderoussain nus se ressemblent parfaitement. Quelques différences sont même à l'avantage des modernes. Les dames romaines ne craignaient pas de voir leurs lutteurs dépouillés de toute espèce de voile. Les dames de Caderousse exigent que les leurs aient un caleçon. A la vérité, il s'est déchiré quelquefois; mais l'intention était pure, et le hasard seul a violé les bienséances.

Les athlètes sont dans l'arène; tous leurs membres sont oints d'huile, d'huile d'olive, ma foi. Ils sont rangés sur deux lignes, et déjà ils se mesurent des yeux. La loi veut que deux lutteurs renversent chacun deux adversaires, et les deux vainqueurs rentrent dans la lice et se disputent une montre d'or, récompense magnifique, que ne pouvaient décerner les empereurs romains, par la raison infiniment simple qu'il n'y avait pas de montres en ce temps-là.

Le signal est donné : deux lutteurs s'approchent, se joignent; leurs bras, leurs jambes s'enlacent, se pressent, s'échappent, et le combat recommence. De nouveaux efforts marquent leur vigueur et leur adresse. Tantôt ils semblent ne faire qu'un; tantôt ils rappellent ce redoutable serpent dont les replis multipliés pressent, brisent Laocoon et ses fils. Un des lutteurs succombe enfin, parce qu'il faut qu'il y ait un vainqueur.

Ceux qui leur succèdent font exactement les mêmes choses, et l'uniformité, toujours fatigante, est telle que nous nous empressons d'arriver au dénouement. La montre est enlevée, et le vaincu est reporté chez lui avec deux côtes enfoncées et beaucoup d'humeur.

La journée a fini par un bal, où la mise décente est de rigueur, et où, à cette seule condition, tous les danseurs possibles sont admis, et sautent, jusqu'à extinction de leurs forces, avec les danseuses qui leur plaisent le plus.

Ce bal rappelle l'égalité primitive, et par conséquent l'âge d'or. La femme de qualité, la bourgeoise, la paysanne, dansent avec le meunier, le chirurgien, le comte, et le marquis. Des rafraîchissemens, qui ne sont pas frais, circulent sans interruption. Enfin, quand on est las de fêter St-Michel, on retourne chez soi, quelques-uns en voiture, et le plus grand nombre à pied. On voyage deux par deux, et il n'y a pas de lune aujourd'hui. Les chemins sont bordés de vignes, et il est permis de s'égarer quand on ne voit pas. Plongés nous-mêmes dans l'obscurité, nous ne pouvons rendre compte des événemens qui ont terminé cette nuit mémorable.

Aiguebelle, Rochemaure, Chenavarri, le 2 octobre.

En sortant de Montélimart, nous vous avons promis, Madame, d'y revenir, et de vous parler alors des Trappistes et des volcans éteints. Nous allons remplir notre promesse.

Nous vous avons dit qu'il y avait autrefois en France peu de couvens de Trappistes. Le plus fameux était situé près de Mortagne, l'ancienne capitale de la petite province du Perche. Les religieux qui l'habitaient, vivaient et auraient continué de vivre à peu près comme tous les moines, si M. de Rancé ne fût devenu amoureux.

Chanoine de Notre-Dame de Paris, et aumônier de M. le duc d'Orléans, frère de Louis XIV, il oublia certain vœu que les jeunes ecclésiastiques prononcent si facilement, et qu'il n'est pas aisé d'observer. Il était jeune, aimable, et il passait des jours heureux à la cour du premier prince du sang. Il ne put résister aux charmes d'une des dames qui la composaient. Il fut aimé, et ses plaisirs furent couverts du voile épais qu'exigeait la position des deux amans.

M. de Rancé fut obligé de faire un voyage, qui dura pendant quelques semaines. A son retour, il s'empresse de se rendre, avec les précautions ordinaires, au lieu où il se croit attendu par l'amour. Il arrive, il entre, il pénètre jusqu'à la chambre à coucher de sa maîtresse. Un silence effrayant règne autour de lui; une lampe sépulcrale frappe ses yeux. Il avance, interdit, tremblant; il se heurte, il chancelle, il tombe sur un cercueil de plomb qui est à ses pieds. Il prévoit le coup terrible dont il est frappé, et il n'ose pousser un cri. Ses yeux égarés se portent autour de lui. Sur un meuble, il aperçoit, il prend une tête; il la reconnaît, il la couvre de baisers et de larmes : c'est celle de sa maîtresse. Elle n'a pu entrer dans le cercueil, que le fondeur n'a pas fait assez long.

Il s'éloigne, en reculant, de ce lieu d'horreur. Il adresse un dernier regard à celle qu'il adora, et il fuit. Il croit reconnaître le doigt de Dieu dans ce fatal événement; il croit entendre sa voix, qui l'appelle à lui. Il sort de Paris, et court s'enfermer à la Trappe, d'où il ne devait plus sortir.

Son cœur aimant chercha un nouvel objet sur qui il voulait concentrer toutes ses affections. L'amour de la divinité succéda à celui qu'un de ses chefs-d'œuvre lui avait inspiré. Il ne pouvait aimer avec modération, et bientôt la règle de la maison lui parut trop douce. Éloquent, persuasif, comme le sont presque toujours les hommes passionnés, il détermina ses religieux à faire du reste de leur vie un lent suicide.

La persécution fit toujours des prosélytes. Celle qu'on exerça contre les prêtres en 1793, ranima une ferveur que ne connaissaient plus les évêques et les abbés de cour. On avait cessé de fréquenter les églises. Dès qu'elles furent fermées, on alla se prosterner sur les degrés qui y conduisent. Des hommes, qui avaient affiché l'irréligion, cherchèrent dans les prisons les secours spirituels des prêtres qu'on y tenait enfermés. Les religieux de tous les ordres se rallièrent en secret sous le gouvernement impérial. En 1815 ils reprirent leur habit.

Le Français semble fait pour les extrêmes. Les maisons de la Trappe, dont on n'avait parlé qu'avec une sorte de terreur, se rouvrirent.

et suffirent à peine à ceux qui avaient des fautes ou des crimes à expier, et qui croient désarmer la justice divine par des jeûnes et des macérations. Il est plus simple de prévenir le repentir par une conduite exempte de reproches; il est plus louable de remplir dans le monde la place à laquelle on est destiné, et de l'ennoblir en aimant et en servant les hommes. A quoi sert un trappiste?

Cet ordre prouve à quel excès on peut porter le délire de la superstition. Des hommes, imitateurs des faquirs de l'Inde, s'enfermèrent dans un ancien couvent de l'ordre de Cîteaux, qui n'avait pas été vendu. Cette nouvelle maison de la Trappe est située à Aiguebelle, entre Lapalud, Pierre-Late et Donzère.

Soit que ces religieux espèrent faire des prosélytes, soit qu'ils mettent quelque orgueil à laisser percer dans le monde le tableau de leurs austérités, ils reçoivent tous les étrangers, du sexe masculin, qui désirent visiter leur maison.

Le frère portier ouvre à ceux qui se présentent et les conduit au parloir, sans leur dire un mot. Le silence est de rigueur à la Trappe; on y renonce à la faculté, commune à tous les hommes, de se communiquer ses pensées; on n'y penserait pas si on pouvait s'en dispenser.

Deux religieux viennent prendre les étrangers au parloir; ils se prosternent à leurs pieds, sans les connaître, sans réfléchir qu'il n'est pas d'homme qui mérite cet excès d'abaissement; ils les conduisent à l'église, sans proférer une parole, et ils y prient un moment, vraisemblablement pour la conversion de ceux à qui ils servent de guides. Ils les ramènent au parloir et leur lisent un chapitre de l'Imitation de Jésus-Christ; il est convenu que cette lecture n'est pas une infraction au silence. Ces deux religieux se retirent, après avoir répété leur humble salutation. Ils sont remplacés par le père hôtelier, qui seul a la permission de parler, et qui en use amplement. Le père abbé ne parle que dans les circonstances importantes.

Le père hôtelier fait voir à ceux qui lui sont confiés la maison et les exercices que pratiquent les religieux. Ce qui fixe d'abord l'attention est la pâleur qui décompose les physionomies des pères. Une longue robe blanche la rend plus remarquable. Cette robe est de laine, et le linge n'adoucit jamais les frottemens de ce tissu grossier. Les trappistes ont la tête rasée et couverte d'un capuchon. Cette manière de coiffure est plus bizarre que chrétienne.

L'abbé a pour marque de sa dignité une

croix de bois suspendue sur sa poitrine, un anneau au doigt, et une crosse de bois. Ces ornemens sont très modestes sans doute, mais ils n'annoncent pas moins le chef suprême de la communauté.

L'habit des frères-lais est coupé comme celui des pères, mais il est d'une couleur brunâtre. L'homme veut en vain s'anéantir tout entier : un reste de vanité survit à son sacrifice; les religieux prêtres ne veulent pas être confondus avec des êtres qui font les mêmes vœux, qui se soumettent aux mêmes mortifications, et qui ont sur eux l'avantage de leur être utiles.

Il faut qu'ils aient un grand appétit pour manger ce qu'on leur sert au réfectoire. Chacun a sa portion : c'est une soupe de légumes, du riz et quelques pommes de terre cuites à l'eau, et sans autre assaisonnement qu'un peu de sel. Une livre et demie de pain noir avec cela, et voilà l'ordinaire d'un trappiste pour toute la journée. Des troncs d'arbres, sciés à la hauteur convenable, leur servent de sièges; un morceau de grosse toile, de six pouces en carré, leur tient lieu de serviette.

On a dit, avec raison, que tout est relatif dans ce monde. Les étrangers sont servis avec somptuosité, si on compare leur dîner à celui des religieux : on ne leur présente que du maigre, mais il est préparé au beurre et au lait.

Chaque moine a sa cellule. Elle n'a pas de porte, sans doute parce qu'un trappiste ne fait jamais rien qui ne puisse être vu de tous ses confrères. Deux planches, un oreiller de paille et une couverture composent le lit; vous sentez, Madame, que dans cette maison on se couche habillé. Cette coutume altère promptement la blancheur des robes.

L'abbé n'est pas mieux couché que le dernier frère-lai. A huit heures du soir, le plus profond silence règne dans les dortoirs.

A une heure et demie du matin, la cloche appelle les religieux aux matines. L'église n'est pas mieux décorée que les cellules. La croix, les chandeliers, tout ce qui sert à l'autel est de bois. La journée, moins le temps donné au travail des mains, est consacrée à la prière.

Il est permis aux pères de s'amuser pendant trois heures à cultiver le jardin potager. Ils quittent alors leur robe, gardent le court vêtement de dessous, serré par une ceinture de cuir, et recouvert d'un scapulaire noir. Calculons maintenant. Cinq heures et demie données au sommeil, une demi-heure au repas, trois à la récréation, forment un total de neuf heures. Les trappistes en passent donc quinze au chœur. C'est beaucoup.

Les frères-lais labourent, ensemencent et moissonnent les champs qui dépendent de la maison. Ils font dans l'intérieur tout ce qui est nécessaire à la communauté. Vêtemens, meubles, menuiserie, tout est l'ouvrage de leurs mains. Lequel mérite le plus de considération, d'un père ou d'un frère-lai? Si on juge du mérite des hommes par leur utilité, la question est résolue.

Un trappiste est séparé pour jamais de ses parens et du monde : sa maison est son univers. Lorsqu'un d'entre eux a cessé d'avoir un père, une mère, une sœur, l'abbé rassemble tous ses religieux et leur dit simplement : Un de nous vient de perdre un de ses proches parens. C'est comme s'il ne disait rien du tout. Il ne suffit pas, pour être admis dans cette maison, de sacrifier sa vie tout entière, il faut encore renoncer aux sentimens de la nature. On ne peut donner une larme à ceux de qui on a reçu le jour.

Ce n'est pas assez d'avoir pendant quelques années traîné une misérable existence ; ces religieux sont avertis que la mort s'approche : un lit de cendre remplace les planches qui ont froissé leurs membres. C'est là qu'ils expirent sans être plaints, secourus par des parens, des amis. Ils n'ont d'autre consolation que d'entendre psalmodier, autour d'eux, les prières des agonisans.

Le noviciat dure un an. Si on exigeait du néophyte qu'il allât à Saint-Remi passer trois mois chez M. Mercurin, il est vraisemblable que les trappistes ne le reverraient plus.

L'anéantissement progressif de quelques hommes sur un point imperceptible du globe, nous amène naturellement aux grandes catastrophes que la terre a subies ; à ces révolutions, aussi inattendues qu'inévitables, qui ont tout bouleversé, tout confondu, et qui plusieurs fois ont anéanti la presque totalité de l'espéce humaine.

Buffon prétend que la terre n'est qu'une émanation du soleil, qui, lui-même, a pu éprouver des catastrophes analogues à celles qui ont désolé d'autres globes. Une ébullition continuelle a pu porter à sa surface une écume qui s'en est échappée avec violence, et qui a reçu à l'instant même le mouvement de rotation qui s'est perpétué jusqu'à nos jours.

Il est constant que dans les quatre parties du monde on trouve des traces de calcination sur des masses de roches qui semblent avoir été jetées, au hasard, les unes sur les autres. On en peut conclure que la terre, qui nourrit encore des feux souterrains, devait brûler dans tout son ensemble, au moment où le soleil l'a rejetée de sa surface. Ce système en vaut un autre.

Mais Buffon a gâté le sien. Il dit qu'une comète s'est approchée du soleil au point d'enlever quelque chose de sa superficie. Les hommes de génie seuls créent des systèmes en grand; mais lorsqu'ils sont embarrassés, ils cherchent des moyens de persuasion dans des idées purement chimériques.

Buffon savait très bien que les comètes décrivent une ellipse, dont il leur est impossible de sortir; il savait que lorsqu'elles s'approchent du soleil, leur mouvement de rotation acquiert une vivacité incalculable, et que la rapidité de ce mouvement les dérobe seule à la force d'attraction du globe de feu qui nous donne la vie, et qui nous la conserve.

Si une comète se fût approchée du soleil au point de lui dérober la terre, cet astre s'en fût emparé par une force irrésistible.

Il l'eût attachée à lui, et elle eût ajouté à son immense foyer toutes les matières combustibles qui entrent dans sa composition.

Laissons là les systèmes et venons à des faits que l'œil observe, et que, très souvent, nous ne pouvons expliquer. Les savans croient que les cavités qu'on rencontre au milieu de ces roches calcinées, sont de vieux cratères de volcans éteints. Quelque désir que nous ayons, Madame, de satisfaire votre curiosité, nous ne ferons pas le tour du monde pour lui chercher de l'aliment. Nous nous bornerons, si vous voulez bien le permettre, à examiner ce qu'on appelle les cratères des anciens volcans, réels ou supposés, qu'on voit à Rochemaure et à Chenavarri, villages peu éloignés de Montélimar.

A cinq cents pas de Rochemaure on est frappé de l'aspect de trois masses de basalte, espèce de marbre noir, isolées, mais très rapprochées les unes des autres. L'une d'elles a trois cents pieds d'élévation. Elles bordent le grand chemin.

Nous l'avons dit, et nous devons le répéter : la pierre, et surtout le marbre, ne se forment pas sous l'influence des vents et de la pluie. Ces trois masses ont nécessairement acquis leur dureté au sein d'une montagne qui n'existe plus, que des événemens inconnus ont divisée et dont ils ont emporté au loin les parties qui la composaient.

On trouve dans Rochemaure un cône de basalte, sur le sommet duquel on a élevé un hâteau dont il existe encore quelques débris. Ainsi le dépouillement de ces masses de marbre noir date de siècles très reculés. On en avait sans doute oublié l'époque quand on a bâti sur la sommité de celle-ci. On devait croire qu'elle était dans son état actuel dès l'origine de notre monde.

Au haut de la montagne, qu'on nous dit avoir été volcanique, la féodalité a construit une autre forteresse d'une grande étendue, et que l'invention de la poudre à canon a fait abandonner. Rochemaure s'élève en amphithéâtre et les dernières maisons touchent aux fondations de la forteresse. Elles sont ornées de perrons et d'escaliers, faits de ce marbre noir qu'on trouve partout ici. L'homme dort en paix sur des volcans qu'il croit éteints sans retour et qu'un tremblement de terre peut rallumer. Ainsi le repos du Vésuve a trompé ceux qui ont bâti Herculanum et Pompeïa. Une éruption terrible a couvert et anéanti ces deux villes. Heureuse sécurité de l'homme, qui l'empêche de penser au peu d'épaisseur de la couche de terre qu'il a sous ses pieds !

Il est constant qu'on voit ici de la lave sur un espace très étendu. Elle a suivi une pente naturelle, comme celles qui entraînent les sources qui s'échappent des flancs des montagnes. Mais cette lave a-t-elle été réellement vomie en torrens de feu par une bouche volcanique, ou était-elle déjà en fusion lorsque toute la terre n'était, selon Buffon, qu'un immense foyer?

Nous avons commencé à gravir la montagne ; nous avons traversé l'ancienne forteresse. Elle est près de ce qu'on nomme le cratère. Il formait, dans cette partie, un fossé inaccessible à une troupe de gens armés. Nous vous avons promis, Madame, de ne plus vous rien dire de ces vieux châteaux ; mais celui-ci offre encore des restes frappans de son ancienne magnificence, et nous ne pouvons nous dispenser d'en parler.

On traverse, péniblement d'abord, plusieurs avant-cours. Des colonnes de basalte semblent y avoir formé des portiques. Les parties supérieures n'existent plus; on marche aujourd'hui sur leurs débris. Ces cours conduisent à de nombreux et vastes appartemens ruinés, dont quelques-uns sont même découverts. Malgré les ravages du temps, on voit encore des peintures à fresque, des chiffres, des écussons, dont le coloris n'a rien perdu de sa fraîcheur. Qu'a-t-on fait entrer dans la composition de ces couleurs, qui les ait rendues inaltérables? On ne le sait pas plus que le nom du seigneur qui a élevé cette immense forteresse. Nous oublions tout pour nous occuper uniquement des courts instans que nous avons à vivre.

Nous avons reconnu une longue suite de chambres que le luxe avait, sans doute, richement décorées; une immense salle d'armes, et une chapelle tellement délabrée, qu'on a de la peine à deviner sa destination primitive. Il paraît certain cependant qu'elle est de l'ère chrétienne. Toute cette partie du château était l'habitation du seigneur, et vraisemblablement elle offrait la réunion de tous les plaisirs.

Plus loin, nous avons rencontré des prisons, des cachots, tristes monumens du despotisme féodal. La rouille et le temps ont rongé les chaînes de fer, qui, sans doute, étaient scellées dans les murs. Les siècles ont confondu la cendre de l'oppresseur et celle des opprimés.

Ici, on voit des citernes en ruines; là, du côté opposé au cratère, des pans de murs, construits en basalte, et d'une épaisseur qui rendait cette forteresse inexpugnable. Ces murailles ont été construites sur le bord de précipices, avec une audace qu'on ne peut concevoir. Les débris de l'art et d'une nature morte, sont amoncelés partout, et il n'est plus donné à l'homme de distinguer les uns des autres.

Au milieu de cet ancien château, sur la partie la plus élevée de la montagne, est le donjon. C'était le dernier retranchement que les ennemis du seigneur eussent à forcer. On y montait, on y monte encore par un escalier de quatre-vingts marches, taillées dans la lave pétrifiée.

Jusqu'ici nous avions douté et nous le devions. La lave n'a pu être lancée à cette hauteur, presque incalculable, que par la bouche d'un volcan en fureur. Nous avons voulu voir, et nous avons été convaincus.

C'est du haut de ce donjon qu'on éprouve un sentiment d'étonnement et de frayeur. On est élevé de plus de six cents pieds au-dessus du niveau de la plaine, et on a parcouru une grande partie de cet espace, presque sans s'en apercevoir. On l'a monté en suivant dans tous les sens, les rues, en talus, de Rochemaure.

C'est encore de ce donjon, et du côté du Rhône, qu'on découvre des chutes et des courans de vieilles laves, qui descendirent, par ondulation, jusque dans la plaine; qui ravagèrent, qui brûlèrent tout sur leur passage. Un ruisseau d'eau douce coule aujourd'hui paisiblement où on ne vit que des torrens de feu.

Du côté opposé, on découvre, avec un autre genre de terreur, un abîme dont on ose à peine s'approcher. Ce n'est plus d'une simple cavité, Madame, que nous avons à vous entretenir; cette immense déchirure, produite par l'action du feu, a quatre cents pieds de profondeur, sur quatre cent vingt de large, en quelques endroits. Sa forme est donc à peu près circulaire, et il est très utile d'observer cela, pour bien juger ce qu'on nomme le cratère du Chenavarri.

Les parois de celui de Rochemaure sont noires et calcinées. Tout y annonce un long et terrible embrasement. M. Faujas de Saint-Fond invite les voyageurs à y descendre. Il leur promet l'aspect de morceaux d'histoire naturelle du plus haut intérêt, de cristallisations magnifiques. Nous n'avons pas cru devoir nous rendre à son invitation. Nous avons pris le chemin qui conduit à Chenavarri, en convenant, de bonne foi, que nous venions de voir un véritable cratère : c'est tout ce que peut désirer M. Faujas de Saint-Fond.

La montagne, qu'on croit avoir vomi des flammes, est à très peu de distance du cratère de Rochemaure ; elle est enclavée dans le territoire de Chenavarri. Elle est plus vaste et plus élevée que la première.

On arrive au pied de ce mont, après avoir

marché une demi-heure. On prend alors un sentier, tellement escarpé, qu'on est tenté de croire que la nature a voulu dérober à l'homme la connaissance de ce qu'elle a fait, il y a des milliers de siècles. Déjà on aperçoit le plateau de basalte, qui couronne la montagne.

On passe à côté d'un petit bois de châtaigniers, qui fait oublier un moment l'horreur qu'inspirent ces débris du monde. On éprouve une joie secrète en retrouvant la nature vivante. Un peu plus haut sont quelques traces d'une culture maigre, pauvre, et qui doit suffire à peine à couvrir les frais du laboureur. On entre enfin dans ce qu'on nomme improprement matières volcaniques. On appelle laves des basaltes que le feu a mis en fusion, sans doute lorsqu'il dévorait le globe tout entier. Mais ces prétendues laves n'ont pas roulé du sommet de la montagne, et jusqu'ici nous n'apercevons rien qui atteste l'existence d'un ancien volcan. A mesure qu'on monte, le chemin devient plus difficile. On marche lentement à travers des monceaux de basalte, qu'une longue suite de siècles a rendus presque friables. Après beaucoup d'efforts on parvient au plateau. Vers le milieu est le prétendu cratère. Il n'a que vingt toises de largeur sur cent dix de longueur. La violence du feu a arrondi toutes les bouches des volcans, et la forme très oblongue de celle-ci ajoute aux doutes que nous avions déjà conçus sur la réalité du cratère de Chenavarri.

Il est presque entièrement comblé, disent les antiquaires. Nous sommes pleins de respect pour les décisions de ces messieurs. Cependant nous avons cru pouvoir consulter nos yeux et notre jugement. Nous n'avons reconnu ni traces d'éboulemens, ni marques de repoussement du cratère sur lui-même. Nous n'avons surtout reconnu aucune espèce de lave dans le pourtour de cette vaste cavité, et tous les volcans en vomissent plus ou moins à chacune de leurs irruptions. Nous mettons avec modestie cependant l'existence d'un volcan à Chenavarri, au nombre des erreurs où se sont laissé entraîner des hommes même d'un mérite distingué.

Au reste, ne nous plaignons pas de la fatigue que nous avons éprouvée en gravissant cette montagne. Nous avons joui, du sommet, d'un spectacle différent de celui qui frappe l'imagination du haut du cratère de Rochemaure, mais qui n'est pas moins étonnant. En se tournant du côté du midi, on est frappé de l'escarpement profond que présente le flanc de la montagne. Sur la gauche est une colonnade qui étonne par l'arrangement régulier de ses parties, et par leur élévation. Ces colonnes sont-elles l'ouvrage de la nature ou de l'art?

Ici, comme à Rochemaure, des monumens du régime féodal ont succédé aux horreurs que la nature s'est plue à agglomérer dans ces cantons. Chenavarri a eu aussi un château fort, c'est-à-dire des oppresseurs. Celui-ci, tout différent du premier, fut également magnifique.

Quand on est obligé de marcher avec précaution, on regarde nécessairement le sol. Le premier objet qui frappe les yeux est un pavé superbe d'une grande étendue. Il est composé de pétrifications régulièrement taillées et du choix le plus heureux. Il supporte des colonnes en basalte, tellement multipliées, que nous n'avons pas entrepris de les compter. Leur disposition annonce clairement qu'elles ont servi d'ornemens et d'appuis à des monumens des plus grandes dimensions. Quelques-unes sont éloignées, et ressemblent à des obélisques. Elles décoraient vraisemblablement les cours du château. D'autres sont tombées, brisées ou entières, sous des couches de gravier, formé de la dissolution des pierres qui composaient les bâtimens. Plusieurs de ces colonnes sont visiblement inclinées ou sont prêtes à se détacher de leurs bases. Elles font frémir ceux qui s'en approchent. Nous n'avons pas plus d'envie d'être écrasés que de nous faire trappistes. Nous nous sommes éloignés à grands pas.

Nous allions sortir de ces décombres, lorsqu'un de nous a cru entendre des soupirs étouffés. Il nous a rendus attentifs, et nous avons présumé que ces plaintes partaient de derrière un quartier de roche, qui nous cachait peut-être quelque victime de sa curiosité. Le plus jeune y a couru, et il a trouvé... quoi?... Un misérable, mutilé et qui respirait encore? quelque bête fauve blessée par un chasseur, et qui s'était traînée là pour expirer en paix?... Ce n'est pas cela, Madame; devinez. Nous vous le donnons en cent, nous vous le donnons en mille... Vous vous rendez? Eh bien! Madame, c'était une fillette de seize à dix-sept ans, jolie comme les amours et triste comme une nuit d'Young.

A l'aspect d'un inconnu, elle a poussé un cri; nos dames se sont montrées, et elle s'est rassurée. « Que faites-vous là, ma pe-
« tite ? — Je me cache, mesdames. — Hé!
« pourquoi? — Parce que mon père veut
« me marier. — A quelqu'un qui sans doute
« ne vous convient pas? — Au vilain bedeau
« de la paroisse. — De quel village? » La petite nous a déclaré son nom, ses prénoms,

ceux de ses parens, du bedeau et celui du lieu de sa naissance. Par égard pour des personnages existans, nous les désignerons par des noms supposés. C'est un privilége que se sont souvent arrogé beaucoup d'auteurs qui ont du mérite ou qui n'en ont pas.

« Mais, mon enfant, vous ne pouvez tou« jours rester ici. — Oh! non; je viens de
« manger le reste d'un gâteau que j'ai acheté
« en passant à Rochemaure... — Et main« tenant que prétendez-vous faire? — J'at« tends la nuit pour me retirer chez une
« tante... — Qui ne vous recevra pas, ou
« qui fera savoir à votre père que vous êtes
« chez elle. — Oh! non; papa s'est brouillé
« avec elle, mais bien brouillé. — Et com« ment cela? — Ma tante est veuve; elle
« reçoit chez elle M. Gervais, et papa a dit
« partout qu'il ne la fréquente pas pour le
« mariage. — En effet, cela est sérieux;

« mais votre aversion pour le bedeau vient
« peut-être de ce qu'un jeune et joli garçon
« a su vous plaire ?— C'est cela précisément,
« mesdames. » Elle a accompagné ces derniers mots d'une petite révérence, qu'elle croyait peut-être devoir attirer toute notre attention, et nous empêcher de remarquer les roses qui couvrirent sa jolie figure, de la fossette du menton jusqu'à ses grands yeux bleus.

Parler à une jeune fille de son amant, c'est lui plaire; c'est l'engager à en parler à son tour. La petite a commencé à nous raconter son histoire.

Le père Maurille possède un petit vignoble, et il est un des citoyens marquans de son village. Il dédaigne Martial, bon travailleur, qui ne se repose que le dimanche, et qui, en rentrant le soir, ne bat jamais sa femme, ainsi que le faisait le père Maurille, et que le font encore quelques hommes grossiers du lieu.

Claire n'a pas cru devoir partager le mépris de son père pour Martial, et surtout pour son fils Edmond, jeune homme âgé de vingt ans, d'une jolie figure, qui écrit, lit à merveille, qui sait l'arithmétique, et qui gagne cent écus par an chez le receveur des contributions directes de l'endroit.

Edmond n'avait que dix-huit ans, Claire en avait quinze, quand ils se rencontrèrent, d'abord à un baptême, puis à une noce, et enfin à la fête du village. Or, dans une noce et à une fête consacrée aux plaisirs de tous, les jeunes gens dansent ordinairement avec la fillette qui leur plaît le plus. Il est des momens de repos dans une contredanse, et on a bientôt dit : « Claire, je vous aime; Edmond, je vous aime aussi. »

Quand on s'aime et qu'on a encore son

innocence, on ne rêve que mariage. Un jour que le père Martial était de bonne humeur, Edmond lui conta qu'il aimait tendrement et qu'il était aimé de même. «Diable, dia-
« ble, dit Martial, Claire est un grand parti :
« le vignoble de Maurille lui rapporte, an-
« née commune, cinq cents bons francs, et il
« ne te donnera pas sa fille. — Oh! Claire lui
« parlera, et il l'aime beaucoup depuis qu'il
« a perdu sa femme, qu'il battait..... qu'il
« battait!.. — C'est précisément parce qu'il
« aime Claire, qu'il ne te la donnera pas. Et
« puis ne voilà-t-il pas un garçon à marier?
« Ça vous a tout juste dix-huit ans. — C'est
« le bon âge, mon père. — Je te défends
« d'aimer Claire. — Vous lui défendrez donc
« de me paraître aimable? — Je t'ordonne
« d'aimer Marie, la fille au gros Thomas. —
« On n'aime pas par ordre, mon père. —
« Elle n'a rien, ni toi non plus, ainsi je ne

« prévois pas de difficultés de la part de ses
« parens. — Je ne l'aime pas; je ne l'aime-
« rai jamais. — Non? hé bien! ne me casse
« pas la tête davantage, et va travailler chez
« ton receveur, qui te promet des appoin-
« temens qui ne viennent jamais. »

La mère Martial entra en grommelant.
« Tu pleures, mon Edmond! — On pleure-
« rait à moins. — Voilà comme tu es tou-
« jours, père Martial. Pourquoi désoler ce
« pauvre garçon? Maurille a trois sétérées
« de vignes; ce n'est pas le Pérou. Notre fils
« est en train de devenir receveur, et alors il
« sera un gros monsieur, à qui Maurille sera
« trop heureux de donner sa fille. — Hé,
« laisse-moi tranquille, femme, avec ta re-
« cette, tu me mettrais l'orgueil en tête, et
« je laisserais mes fagots à qui voudrait les
« finir. »

La bonne mère prend son fils par la main,

et le conduit chez le receveur. « Monsieur,
« il y a un an que mon fils travaille chez
« vous pour la gloire... — Taisez-vous donc,
« mère Martial ; vous venez de me faire
« manquer une multiplication. — Edmond
« veut se marier, et il est temps qu'il gagne
« quelque chose. — Se marier ! un enfant !
« — Un enfant, un enfant ! Et qui est-ce qui
« a fait votre recette, pendant huit jours que
« vous avez passés à Montélimar, auprés
« de madame... — Plus bas, plus bas, chut !
« — Chut ! Oh, que non, je n'en ai pas
« parlé encore ; mais je vais le dire à tout le
« village. — Allons, allons, je lui donne
« deux cents francs, et il aura cent écus l'an-
« née prochaine. Êtes-vous contente ? —
« Très contente, monsieur le receveur, et
« je vous tire ma révérence. »

Claire avait parlé à son père, qui ne l'a-
vait pas trop brusquée ; mais quand la mère

Martial vint lui apprendre qu'Edmond était un commis dans toutes les règles, c'est-à-dire qu'il gagnait de l'argent, le bonhomme s'adoucit tout-à-fait : un vigneron est toujours flatté de devenir le beau-père d'un commis. Diable !

Le dimanche suivant, Martial mit sa veste neuve, son pantalon de nanquin, sur lequel il n'y avait que trois ou quatre taches, et il alla en grande cérémonie, tirer sa révérence à Maurille. Le cher homme est vaniteux, et il fut très flatté de cette marque de déférence.

On parla affaires, et le mariage fut fixé à deux ans de là. « Voyons que donnerons-« nous à nos enfans? Moi, dit Martial, je « laisserai à Edmond ses cent écus. Moi, « reprit Maurille, je n'ai que Claire; je l'aime, « et je lui abandonnerai la moitié du produit

« de mon vignoble. Si ce qui restera n'est
« pas suffisant, je travaillerai un peu plus,
« pour me procurer la satisfaction de me
« griser le dimanche : vous savez, père Mar-
« tial, que cela est de rigueur. »

Claire a tout entendu. Elle accourt, elle jette ses bras rondelets au cou de son père ; elle embrasse le père Martial, et elle va courir tout le village pour trouver Edmond et lui annoncer leur commun bonheur. Edmond attendait son père à la porte de Maurille. Claire avait la plus grande envie de l'embrasser aussi ; mais la modestie la retint. Elle se borna à permettre qu'Edmond lui baisa les deux joues, ce qui revenait à peu près au même.

Jusques là tout allait à merveille ; mais le diable vint se mettre à la traverse. Claire tint un enfant sur les fonts baptismaux, et le bedeau la regarda de travers, parce qu'il est louche. Il sentit battre son cœur, et, malgré ses cinquante ans, il résolut d'épouser Claire en troisièmes noces.

Mais comment s'y prendra-t-il? Se déclarer à la petite fille est peut-être le moyen de tout gâter. Il jugea à propos de se mettre au mieux dans l'esprit du beau-père, et il commença à lui faire sa cour de toutes les manières.

Le dimanche, il lui présentait le pain bénit immédiatement après en avoir offert à M. le curé et aux autorités du lieu. Maurille était très sensible à cette distinction, et il se rengorgeait en portant la main à la corbeille. Le soir, et quelquefois même dans la semaine, il le conduisait à l'estaminet, et ne manquait jamais de payer l'écot.

Un beau soir, il représenta à Maurille qu'il avait tort de marier sa fille à un commis, qui le caressait à présent, et qui le mépriserait quand il serait son gendre. Il ajouta qu'on avait toujours connu sa modestie, à lui bedeau, quoiqu'il fût membre du clergé; que la place était bonne, et qu'il était, avec cela, le premier charron du village. Il fit enfin sa demande en forme, et il promit solennellement de faire tous les jours la veillée, le verre à la main, avec son beau-père.

Maurille trouvait de grands avantages à ce nouvel arrangement; mais il était honnête homme, et il avait donné sa parole. Il ne cachait pas au bedeau l'extrême embarras où il se trouvait. Le bedeau lui faisait remarquer que des amours de vingt ans passent comme ils sont venus. Maurille hésitait, et le dimanche suivant il fut déterminé par une humiliation que son orgueil ne put pardonner.

Il était placé près du chœur, où il attendait le pain de l'égalité. Edmond était placé près de lui, et priait Dieu de le maintenir dans ses bonnes dispositions. Le bedeau s'approcha, la corbeille à la main... O mésaventure! ô douleur! Edmond a le malheur d'y porter la main avant que Maurille se soit servi. Le papa, blessé, fronce le sourcil. Claire a tout vu, elle a frissonné.

« Hé bien, dit le soir le bedeau à Maurille,
« avais-je tort de vous dire que ce petit com-
« mis mépriserait un jour son beau-père?
« Il le dédaigne déjà. Avoir l'insolence de
« porter avant lui la main à ma corbeille! »
Maurille ne répond pas un mot; il prend le bedeau par la manche, le conduit chez lui, et notifie à sa fille qu'elle ait à recevoir sa main dans quinze jours.

Claire pleura pendant toute la nuit. Le lendemain, de grand matin, dès que son père fut allé à sa vigne, elle courut conter sa peine à la mère Martial, et elle pleura encore. La mère Martial pleura avec elle, et cela ne remédiait à rien. Edmond entra, et aussitôt qu'il fut instruit, il déclara, d'un ton ferme, qu'il allait quitter le pays, et qu'il se ferait soldat. Sa mère, au désespoir, court à la vigne de Maurille, et lui fait une scène épouvantable. Elle court chez le bedeau ; elle arrache de la muraille un reste de miroir, et le lui présente : « Regarde-toi, et juge de ce qui doit t'ar« river si tu persistes à épouser Claire. Re« garde ta chèvre, regarde-la! te dis-je. » Une pareille sortie n'était pas propre à faire entendre raison au bedeau. Il pousse rudement la mère Martial ; elle tombe sur un moyeu de roue, et elle crie au voleur, à l'assassin !

Edmond parcourait le village, en criant de son côté que Maurille est un homme sans foi, sans honneur. Il entend les clameurs de sa mère ; il accourt ; il la voit roulant sur des copeaux, son bonnet d'un côté, un de ses souliers de l'autre. Il prend un bâton, et administre au bedeau une forte correction. Très heureusement pour lui, la brigade de gendarmerie était allée conduire des prisonniers à Orange. Il ramène sa mère chez elle. Il y trouve Claire, qui lui proteste que s'il se fait soldat, elle se jetera dans le Rhône. Elle lui jure, en face du ciel, de n'être jamais qu'à lui. Leurs mains s'unissent, et leurs bouches répètent le serment d'un amour éternel.

Le bedeau va, clopin-clopant, porter sa plainte à Maurille. Celui-ci jure qu'Edmond vient de s'ôter tout moyen de rapprochement. Il apprend que sa fille est chez Martial. Il y court, il la prend par le bras et la réintègre dans son domicile. Il l'y tient renfermée et proteste qu'elle n'en sortira qu'après la célébration du mariage.

Depuis que celui de la jolie fille et d'Edmond a été arrêté, le jeune homme l'a vue sans difficulté et il lui a appris à lire et à écrire. Il prend la plume et il conseille à Claire de s'enfuir et d'aller demander un asile à sa tante. Il pense qu'elle ne refusera pas de la recevoir, d'abord parce qu'elle est sa nièce, et sa nièce persécutée; ensuite parce qu'elle ne doit pas laisser échapper l'occasion de se venger des propos que Maurille a tenus sur elle et sur Gervais.

Il ne reste plus qu'une difficulté : c'était de faire parvenir la lettre à Claire. Edmond passe et repasse devant une porte qui ne s'ouvre plus. L'amour est inventif. A la chute du jour il se cache derrière un bout de haie ; il contrefait sa voix et crie au feu. Maurille sort ; Edmond s'élance dans la maison et glisse son papier dans la main de Claire. Maurille l'a reconnu et le poursuit, un échalas au poing. Edmond enfile l'escalier et Maurille est toujours sur ses pas. Le jeune homme entre dans une chambre, ferme la porte sur lui et respire un moment.

Maurille court chercher une hache et se met en devoir de briser la porte. Edmond ouvre la croisée et saute, au risque de se casser le cou. Il se fait une contusion au bras; mais que lui importe? La lettre est à son adresse.

Claire fait exactement ce que son amant lui a prescrit. Pendant la nuit du lendemain, lorsque son père dort profondément, elle attache un de ses draps à une chaise, qu'elle place au travers de la croisée; elle se laisse glisser, et la voilà libre.

Au soleil levant elle arrive à Rochemaure. Elle y fait ses petites provisions de la journée et elle va attendre la nuit dans la cachette où nous l'avons trouvée.

Fillette jolie et sensible intéresse toujours. Nous la regardions d'un air qui voulait dire : puissiez-vous être heureuse ! L'air de la petite nous disait : ne me trahissez pas. Nous lui avons promis une discrétion à toute épreuve, et nous avons descendu la montagne.

Nous étions à peine entrés dans le vallon, lorsque nous avons aperçu un homme à cheval, en habit noir complet. Un de ses étriers était plus long que l'autre; la position de ses pieds prouvait que son maître à danser ne lui a pas volé son argent. D'après cela, le pauvre cheval avait sans cesse les éperons au ventre, et il allait à casser le cou à lui et à son cavalier. Du plus loin qu'il put distinguer nos traits, il s'écria : « Hé ! c'est « monsieur Augier ! — Hé ! c'est monsieur « Martin ! » M. Martin est un avoué de Montélimar.

« Où courez-vous donc comme cela ? —
« Oh! c'est la journée aux aventures. Il y a un
« bruit du diable dans le village, là, à gauche
« de Rochemaure. — Nous en savons quelque
« chose. — Hé ! comment cela ? Vous êtes sans
« doute venus en ligne droite de Montélimar
« ici ? — Cela est vrai. — Auriez-vous ren-
« contré par hasard... — Qui ? — Une pe-
« tite fille qui s'appelle Claire, qui aime de
« tout son cœur mon filleul Edmond, qui
« en est aimée jusqu'à la folie, et qui l'épou-
« sera en dépit de son père et du bedeau.
« — Vous êtes donc dans les intérêts de ces
« jeunes gens ? — Parbleu ! il convient bien
« à un bedeau de cinquante ans, laid à faire
« reculer une procession, de désoler mon
« filleul, et de vouloir épouser une fille de
« dix-sept ans. Je vaux tous les bedeaux du
« monde ; j'ai une vieille femme, et je la
« garde. »

Nous ne savions ce que nous devions faire. M. Martin pouvait employer une ruse de procureur pour retrouver Claire et la ramener chez son père. « Vous êtes incertains, ir-
« résolus, nous dit-il, et je conviens que j'ai
« gagné des causes un peu chatouilleuses.
« Mais je vais vous mettre à votre aise, en
« vous racontant tout ce que j'ai fait depuis
« midi.

« A dix heures du matin, Edmond est en-
« tré dans mon étude. J'ai toujours beaucoup
« aimé ce garçon-là, non-seulement parce
« que je suis son parrain, mais parce que la
« mère Martial a été à mon service de dix-huit
« à vingt-quatre ans, et elle était jolie. Ed-
« mond était au désespoir; il sanglottait, et
« je suis aussi sensible qu'on peut l'être,
« quand on passe sa vie à barbouiller du pa-
« pier marqué.

« Sa douleur ne l'a pas empêché de faire,

« en courant, une chanson sur le bedeau ;
« mon filleul est une espéce de bel es-
« prit. J'ai vu avec plaisir qu'elle ne dit pas
« un mot de Maurille : j'aime beaucoup
« qu'on respecte les bienséances. Quand
« Edmond m'a eu raconté toute son his-
« toire, j'ai jugé à propos de prévenir nos
« antagonistes. J'ai porté plainte contre le
« bedeau, qui a terrassé et meurtri une
« femme, qui n'a d'autre tort que de lui
« avoir mis sous le nez un morceau d'un
« miroir cassé : dommages et intérêts. J'ai
« porté plainte en calomnie contre Maurille,
« qui publie partout qu'Edmond lui a enlevé
« sa fille. La calomnie est évidente puisque
« mon filleul est dans le village. J'ai mis les
« huissiers en campagne, et je les ai suivis
« sur ce cheval de louage, qui va comme un
« coureur anglais.

« J'ai vu le bedeau et Maurille. Je leur ai

« juré, foi d'avoué, que, dans quinze jours,
« il y aurait pour quatre cents francs de
« frais, et cela n'est pas difficile. Je les ai
« fait trembler. Oh! oh! je suis expéditif,
« et je sais mon métier.

« Le bedeau a voulu arguer des coups de
« bâton qu'il a reçus. Je lui ai prouvé, d'a-
« près l'article 328 du code pénal, qu'un
« fils qui venge sa mère fait une action loua-
« ble, pourvu que ce soit dans le moment
« des sévices ou injures, et que lui bedeau
« sera fort heureux, s'il n'est condamné à in-
« demniser ledit Edmond de la peine qu'il
« s'est donnée de le rosser.

« J'ai vu Maurille une seconde fois et je
« lui ai parlé, non en avoué, mais en con-
« ciliateur. Il faut toujours faire quelques
« concessions quand on veut obtenir beau-
« coup. Je suis convenu qu'Edmond avait
« eu le plus grand tort de mettre la main à la

« corbeille avant son futur beau-père; mais
« j'ai ajouté que c'était par pure distraction,
« et que, dans tous les cas, on ne rompt pas
« un mariage assorti pour un morceau de
« pain bénit. Le coquin ne m'a pas écouté;
« il tient à son bedeau presque autant qu'au
« cabaret.

« Pendant que je menaçais, que je péro-
« rais, la chanson du filleul circulait dans le
« village. Toutes les filles aiment Claire,
« parce qu'elle est bonne; tous les garçons
« aiment Edmond, parce qu'il est obligeant.
« Il fallait les voir, les entendre danser et
« chanter devant la boutique du bedeau.
« La terrible comparaison de la chèvre était
« le refrain de chaque couplet. Le bedeau,
« exaspéré, a fermé toutes ses portes, et il
« ne peut nous attaquer pour fait de cha-
« rivari; d'abord parce qu'il est difficile de
« mettre tous les habitans d'un village en

« prison; ensuite parce qu'il n'est pas dé-
« fendu de danser et de chanter en plein
« jour, pourvu toutefois qu'on ne nomme
« pas les masques. Le bedeau n'est pas nom-
« mé, et ne voit-on pas partout de vieux
« reitres qui épousent de jeunes filles, et
« que leurs femmes coiffent en chèvres?

« Cependant je tiens aux convenances,
« aux bienséances, et même aux bonnes
« mœurs. Il convient que le filleul répare
« l'espèce d'affront qu'il a fait à Maurille. Il
« ne convient pas que Claire courre la prétan-
« taine; il faut qu'elle rentre chez son père
« et qu'elle attende avec respect la décision
« que je lui ferai rendre.

« Pour remplir le premier objet, je me
« suis arrêté à Rochemaure. J'y ai acheté le
« pain bénit tout entier, qui était destiné à
« la férie de demain. Je l'ai payé comptant,
« ce qui ne m'arrive que dans les grandes

« occasions. Le pâtissier a plus de temps
« qu'il ne lui en faut pour en faire un autre.
« Celui-ci sera porté à Maurille par quatre
« jolies filles en grande tenue, qui vont ar-
« river à Rochemaure. Edmond le présen-
« tera à l'orgueilleux vigneron, en lui adres-
« sant un discours analogue à la circonstance,
« et certes il s'apaisera s'il n'a pas le diable
« au corps.

« A la suite de ces mesures préliminaires,
« je suis parti pour aller chez la tante de
« Claire; mais je crois, d'après quelques
« mots qui vous sont échappés, mesdames
« et messieurs, qu'il n'est pas nécessaire
« que j'aille si loin. »

Convaincus de la bonne foi de M. Martin, nous lui avons indiqué la place où la
petite attend la nuit. M. Martin repart, et
prétend gravir la montagne au galop. Son
pauvre cheval harrassé, exténué, tombe, et

ne fait plus un mouvement. M. Martin nous fait signe que *dans les grandes occasions* il ne regarde pas à l'argent; il trotte à pied, comme s'il n'avait que trente ans. C'est un homme expéditif de toutes les manières.

Une demi-heure après, nous avons vu M. Martin et Claire qui descendaient lestement la montagne. La fillette nous a abordés avec une figure rayonnante. Notre calèche est à six places, et nous les y avons fait monter tous deux : nous étions bien aises de voir le dénouement de tout ceci.

En arrivant à Rochemaure, nous avons reconnu le pain bénit prêt à partir. Une branche d'olivier était plantée au milieu de la couronne. Il était placé sur une belle serviette blanche, dont les quatre coins étaient ornés de feuilles de lierre; le tout était fixé sur le bât d'un mulet. Quatre ânes attendaient qu'il plût aux quatre demoiselles de se mettre en route. Nous sommes partis tous ensemble.

Nous sommes entrés dans le village; on ne cessait de chanter et de danser, quoique ce fût un samedi; mais M. Martin avait donné ordre au plus fameux cabaretier du lieu de fournir les rafraîchissemens. Edmond, très joli garçon et mis très décemment, a pris la tête du cortége, et nous nous sommes dirigés vers la modeste habitation de Maurille.

L'aspect du pain bénit, d'un pain bénit tout entier, et présenté avec faste, a fait sur lui un effet très remarquable. Le discours d'Edmond, et surtout ses humbles excuses ont fait rouler une larme ou deux sur ses joues. M. Martin, qui connaît la force des à propos, a mis Claire sur l'avant-scène et l'a conduite dans les bras de son père. Maurille l'a pressée contre son cœur.

« Maintenant, lui dit M. Martin, enten-
« dons-nous. Je donne à mon filleul cent
« écus comptant; à vous, un habit neuf
« complet pour la noce, et pendant trois
« mois, vous trouverez tous les soirs, à l'es-
« taminet, une bouteille du meilleur du cru
« qui ne vous coûtera rien ; mais il faut qu'à
« l'instant même les jeunes gens soient affi-
« chés à la municipalité. Si cela ne vous
« convient pas, vous aurez un procès. Pre-
« nez-y garde : défiez-vous d'un avoué et
« surtout de Martin. — Mais le bedeau ?
« — Le bedeau aura de l'humeur; mais il en
« aurait eu bien plus après trois mois de ma-
« riage. »

Maurille prend la main de sa fille et la met dans celle d'Edmond. L'énorme brioche entre de biais dans la maison. Dix bouteilles de vin blanc arrivent, et nous sommes invités à la collation. On jouit en voyant des heureux, et nous nous sommes assis près d'une table vermoulue, soutenue par deux mauvais tréteaux.

Claire a fait, avec beaucoup d'aisance, les honneurs de sa brioche, et cependant elle avait toujours le temps de répondre avec sentiment aux choses tendres et flatteuses que lui adressait Edmond. Il ne restait que deux heures de jour. Nous sommes remontés en voiture, nous sommes arrivés à Montélimar, et nous nous sommes couchés, en parlant des aventures de la journée.

Le lendemain matin, le temps était sombre et menaçant. Cependant il y avait un mois que nous courions le monde, et nous brûlions de rentrer dans nos foyers. Nous nous sommes mis en route.

Nous n'étions pas à une lieue de Montélimar, qu'une pluie fine nous a annoncé une journée pénible. Elle a tombé à flots quand nous sommes arrivés à Loriol. Ce temps-là ne pouvait convenir qu'aux canards et aux grenouilles. Nous nous sommes arrêtés pendant deux heures et nous nous demandions si le soleil daignerait enfin se montrer. La pluie, la pluie, et toujours la pluie.

Nous nous sommes décidés enfin à la braver. Nous sommes remontés en voiture. Notre conducteur, mouillé jusqu'aux os, faisait la mine, et bientôt ses mules ont refusé le service. Une d'elles a jugé à propos de se coucher au milieu du grand chemin. Nous étions embarrassés, très embarrassés. Des prières et des coups de fouet ont remis sur pied l'animal rétif. Nous sommes parvenus, au très petit pas, à la poste prochaine. Là nous avons congédié muletier et mules, et de bons chevaux nous ont réintégrés dans notre domicile.

Nous voilà loin de ces rivages
Que baignent l'Arc et le Gardon,
Lieux enchanteurs auxquels la nature a fait don
De vins exquis et d'un ciel sans nuages.
Ils ne sont plus pour nous qu'un charmant souvenir,
Ce vallon de Pétrarque, Orange, Aix la savante,
Marseille, sœur d'Athène et rivale de Tyr,
Aussi vieille et toujours vivante.
Mais nous retournons près de vous
Pour qui ces pages sont tracées;
Et de notre esprit effacées
Rome, Athène font place à des pensers plus doux.
Pour jouir nous cessons d'écrire,
Madame; puissiez-vous avoir
Autant de plaisir à nous lire,
Que nous en aurons à vous voir.

FIN.

www.ingramcontent.com/pod-product-compliance
Lightning Source LLC
Chambersburg PA
CBHW050335170426
43200CB00009BA/1605